Darßer Radeltouren

Lutz Gebhardt

grünes herz

Inhaltsverzeichnis

Weiterführende Literatur

- Fischland, Darß, Zingst, R. Buchwald, Verlag *grünes herz*, Ilmenau 2010
- Ostseeküste Meckl./Vorp., DuMont Reiseverlag, Ostfildern 2008
- Darß, Fischland und Zingst, Ellert & Richter Verlag Hamburg 2010
- Urlaubshandbuch: Ostseeküste M-V, Reis Know-How Verlag, Bielefeld 2010
- Ostseeküsten-Wanderweg E9, Verlag *grünes herz*, Ilmenau 2004
- Fischland, Darß, Zingst, Sagen und Geschichten, Demmler Verlag, Schwerin 2010

Internet:
Wikipedia, Homepages der Orte

Zeichenerklärung

Eisenbahnlinie mit Bahnhof

Schmalspurbahn mit Haltepunkt

Industriebahn

Bundesstraße 4-spurig

240 Bundesstraße

Wichtige Straße

Sonstige Straße

Weg

Straße

Bundesstraße in Bau

Fähr- und Schifffahrtslinie

Grenze Nationalpark bzw. Biosphärenreservat

Seebrücke

beschriebene Tour

Tourenvariante

Windrad; Windmühle

Leuchtturm

Schloss, Burg; Ruine

Kirche; Kapelle

Dom, Kloster; Ruine

Gaststätte; Museum

Denkmal; Sonst. Baudenkmal

Kulturhistorisches Denkmal

Technisches Denkmal

Theater, Freilichtbühne

Findling; Großsteingrab

Jugendherberge; Feriendorf

Campingplatz; Caravan

Freizeitpark

Sportplatz; Bowling

Spielplatz; Tennisplatz

Golfplatz; Minigolf

Touristinformation

Aussichtsturm, Funkturm

Wallanlage; Hügelgrab

Forsthaus; Reiterhof

Für Kfz gesperrt

Aussichtspunkt

Aussichtsplattform

Nationalparkinfo

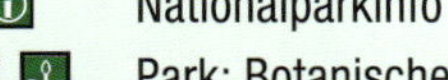
Park; Botanischer Garten

Naturdenkmal; Tierpark

Baum; Nadelbaum

Großparkplatz; Tankstelle

Badestrand; FKK

Schwimmhalle; Erlebnisbad

Hafen; Bootsverleih

Segeln, Surfen; Angeln

Fahrradverleih; Hundestrand

Kurklinik

Sehenswürdigkeit

Die Region Fischland Darß Zingst gehört zu den schönsten Urlaubsregionen der deutschen Ostseeküste. Vor allem Fahrradfahrer finden hier ein Paradies vor, gibt es doch im Gegensatz zu Rügen oder Usedom so gut wie keine Steigungen. Der Bakelberg bei Niehagen mit 18,8 Metern und der Schifferberg bei Ahrenshoop mit 14 Metern sind weit und breit die höchsten Erhebungen. Allerdings schränkt die durch Ostsee und Boddengewässer begrenzte Halbinselkette die Bewegungsfreiheit erheblich ein. An vielen Stellen hat man nur zwei Möglichkeiten in die man sein Rad steuern kann. Die Boddengewässer bieten aber auch neue Möglichkeiten, wenn man an die Kombination von Fahrrad und Schiff denkt. Gibt es doch mehrere Schifffahrtsgesellschaften die gerne auch Fahrradfahrer transportieren.

Die große Boddenrundfahrt verbindet Ribnitz-Damgarten und alle Bäderorte der Region. Da es eine Rundtour ist, kann man an jeder beliebigen Stelle einsteigen und kommt immer wieder an seinen Ausgangspunkt zurück. Ich habe Ribnitz, die größte Ortschaft der Region, als Ausgangspunkt gewählt. Hier kann man auch von Rostock oder Stralsund mit dem Zug anreisen.

Die anderen Touren sind bestimmten sehenswerten Zielen gewidmet. Dabei lässt es sich nicht vermeiden, dass bestimmte Abschnitte in mehreren Touren identisch sind.

Wenn möglich, sind dann parallele Wegeverläufe ausgewählt. Geht das nicht, so ist an dieser Stelle auf die entsprechende Tour verwiesen wo der Weg exakt beschrieben ist.
Seit 1998 ist mir die Region eine zweite Heimat geworden. Während dieser Zeit bin ich fast 10.000 km mit dem Fahrrad zwischen Rostock, Darßer Ort, Zingst und Barth unterwegs gewesen. Dabei konnte ich eine ständige Verbesserung der Radfahrbedingungen erleben und unzählige Fotos von einer Landschaft „schießen", die ich tief in mein (grünes) Herz geschlossen habe. Ich hoffe, dass der Funke der Begeisterung auf Sie, lieber Leser, überspringt und wünsche Ihnen viel Freude beim Rad fahren auf der Halbinselkette Fischland – Darß – Zingst.

Dr. Lutz Gebhardt, Ostseebad Wustrow, März 2010

Fischland – Darß – Zingst

Heute bilden die drei Landschaftsteile Fischland, Darß und Zingst eine zusammenhängende Halbinsel, so dass man sich über die drei Namen wundert. Doch vor einigen hundert Jahren existierten hier drei selbständige, durch Wasserarme getrennte Landschaftsteile, die die Ostsee von den Boddengewässern trennten. Gebildet hatten sich das Fischland, der Darß und der Zingst aus eiszeitlichen Inselkernen, die durch Wasser und Wind einer ständigen Veränderung unterworfen sind. Das Fischland, welches einst Swante Wustrow (slaw. = heilige Insel) genannt wurde, war im Süden durch den Permin vom Festland getrennt. Schon 1394 wurde dieser befahrbare Mündungsarm der Recknitz durch die Hansestädte verschüttet, um dem Konkurrenten Ribnitz den Zugang zum Meer zu erschweren. Im Norden des Fischlandes verband der Darßer Kanal („de Loop") den Bodden mit dem Meer. Auch er wurde am Ende des 14. Jh. durch die Rostocker zerstört. War die Wasserverbindung auch nicht mehr vorhanden, als Grenze zwischen Mecklenburg und Vorpommern blieb diese Linie. Zingst war sogar bis 1874 eine Insel, die aus wenigstens drei Inseln zusammengewachsen ist. Der Prerowstrom trennte sie vom Darß. Nach der großen Sturmflut von 1872, bei der die küstennahen Orte weitestgehend unter Wasser standen, beschloss man, den Prerowstrom künstlich zu schließen. Damit wurde aus der Insel Zingst eine Halbinsel.

Noch heute ist die gesamte Halbinselkette einer starken Veränderung durch das Meer unterworfen. Die Westküste von Fischland und Darß wird durchschnittlich immer noch jährlich um einen halben Meter abgetragen. Bei schwerer Sturmflut können es dann stellenweise sogar einige Meter sein, die das Meer mitnimmt. Die dabei abgetragenen Lockermassen werden hauptsächlich am Darßer Ort bzw. an der Insel Bock wieder abgelagert. Dort entstehen Sandhaken, Strandseen, Nehrungen, Dünen oder Windwatten. Dieser Prozess hat beispielsweise dazu geführt, dass die früher bekannte Bernsteininsel vor Darßer Ort inzwischen längst mit dem Festland verwachsen ist. Ohne aufwändige Küstenschutzmaßnahmen könnte dagegen die ständige Landabtragung am Fischland alsbald dazu führen, dass die schmalen Nehrungen durchbrochen werden und wieder Inseln entstehen. Ein Großteil der Halbinselkette ist Bestandteil des *„Nationalparks „Vorpommersche Boddenlandschaft"*. Mit einer Fläche von 80.500 ha ist er der größte deutsche Ostseenationalpark. 13.200 ha des Schutzgebietes sind Landfläche und 67.300 ha Wasserfläche. Neben den Teilen der Halbinselkette werden die Insel Hiddensee und Teile Westrügens sowie weite Wasserflächen von Bodden und Ostsee unter Schutz gestellt. Ortschaften sind aus dem Schutzgebiet herausgenommen. In den Schutzzonen I (Kernzone) und II (Pflege- und Entwicklungszone) sollte sich der Besucher strikt an die Hinweise der Informationstafeln halten. In der Zone I dürfen z. B. die Wege nicht verlassen werden.

Untrennbar mit der Region sind Volksbräuche und Traditionen verbunden, zu denen sicher auch das Zeesenboot gehört. Das **Zeesenboot** ist ein traditionelles, schwerfällig wirkendes, aber sehr wendiges Boot. Auffällig durch ungewöhnliche Ketschtakelung und dunkelbraune Segel. Es wurde vorrangig für den Fischfang und die Bodden- und Küstenschifffahrt genutzt. Die heutigen Schiffseigner pflegen ihre Zeesenboote mit Hingabe. Einige bieten auf ihren Booten Gästetouren über die Boddengewässer an. Jeder, der schon einmal mit einem Zeesenboot fast lautlos über den Bodden geglitten ist, weiß einen solchen Ausflug zu schätzen. Die Zeesenbootregatta auf dem Saaler Bodden ist jedes Jahr am 1. Sonnabend im Juli ein besonderer Höhepunkt. Es ist schon ein erhabener Anblick, wenn hunderte archaisch wirkende Boote mit ihren braunen Segeln über den Bodden kreuzen.

Tonnenabschlagen in Wustrow

Die Geschichte des **Tonnenabschlagen**s geht in die Zeit der schwedischen Besetzung (1648-1815) zurück, auch wenn es bis heute keine anerkannte Erklärung zu seinem Ursprung gibt. Heute wird es als Volksfest in fast allen Orten rings um die Halbinselkette durchgeführt und lockt tausende Zuschauer an. Hoch zu Ross galoppieren die Reiter auf ein Holzgerüst zu, an dem eine reich geschmückte Heringstonne hängt. Mit einer Keule schlagen sie im Vorbeiritt auf die Tonne ein, bis die Splitter fliegen. Wer das letzte Stück Holz vom Haken schlägt darf dann ein Jahr lang den Titel Tonnenkönig führen.

1. Boddenrundfahrt

Streckenlänge: 82 km

Wege: ausgebaute Radwege, Waldwege, Nebenstraßen, Betonplatten

Profil: flach

Bemerkungen: Das ist die ultimative Rundtour, die alle Urlaubsorte der Halbinselkette miteinander verbindet. Da es ein Rundkurs ist, kann man natürlich an jeder Stelle einsteigen. Für diese Beschreibung wurde der Bahnhof Ribnitz-Damgarten West als Ausgangspunkt gewählt, der für die Anreise mit der Bahn praktisch ist. Ebenso praktisch: die Anbindung an die Fährlinien. Man kann mit dem Schiff zwischen Wustrow, Dierhagen und Ribnitz-Damgarten pendeln.

Die Stadtkirche St. Marien in Ribnitz-Damgarten

Wir starten am Hauptbahnhof in **Ribnitz-Damgarten**. Vom Bahnhofsvorplatz folgen wir der Bahnhofstraße Richtung Zentrum. An der Ampelanlage biegen wir nach links in die Lange Straße ein, die wir kurz darauf nach rechts auf den Nördlichen Rosengarten wieder verlassen. An deren Ende kreuzen wir die Hauptstraße und fahren geradeaus auf dem Boddenradweg in östliche Richtung weiter. Den Nizzepark tangieren wir auf dem linken Weg und erreichen kurz darauf die Brücke über die **Recknitz**.

Die **Recknitz** ist schon seit Jahrhunderten eine Grenze zwischen Mecklenburg und dem heutigen Vorpommern, das von 1648 bis 1815 zu Schweden und dann zu Preußen gehörte. Und die Brücke an dieser Stelle kann auf eine eben solange Geschichte verweisen, worüber das Passgehöft Zeugnis ablegt.Es wurde 1286 erbaut und die Stadt Ribnitz kassierte hier Zoll an der hölzernen Zugbrücke. Als wichtigster Recknitzübergang zwischen Rostock und Stralsund stand die Brücke oft im Brennpunkt des Geschehens der Jahrhunderte. Ferdinand von Schill, preußischer Major, erkämpfte mit seinem Husarenregiment 1809 an dem Recknitzübergang einen wichtigen Sieg gegen die für die Franzosen kämpfenden Mecklenburger. Mit dem Erlöschen der Zollpflicht um 1890 wir das Passhaus zum Wohnhaus, was es heute noch ist. Die hölzerne Brücke weicht 1935 einer eisernen Hubbrücke, die bis zu ihrer Demontage durch die Sowjetunion am Ende des Zweiten Weltkrieges ihren Dienst tat. Im Jahre 1992 wurde dann endlich das DDR-Provisorium durch ein modernes Brückenbauwerk ersetzt, auf dessen Flanken die Wappen des mecklenburgischen Stiers und des preußischen Greifs prangen.

Die Brücke über die Recknitz verbindet Mecklenburg mit Vorpommern – hier die Mecklenburger Seite

In Vorpommern angekommen, nach ca. 300 m links nach Damgarten abbiegen, und dann der Ausschilderung „Hafen" entlang eines Fuß- und Radweges folgen. Am Spielplatz öffnet sich rechts ein schöner Blick zur Kirche. Hier könnte man auch ins Zentrum **Damgartens** abbiegen.

Damgarten ist ein altes Slawendorf, das 1258 von Jaromar II. von Rügen das Stadtrecht erhielt. Zur Sicherung der Grenze zu Mecklenburg wurde Jaromarsturm errichtet. Im Dreißigjährigen Krieg litt die Stadt 1630 unter der Einnahme durch den Schwedenkönig Gustav Adolf. Keine 50 Jahre später wurde Damgarten vom Großen Kurfürsten Brandenburgs zerstört, als Rache für
Ostseebad Prerow
Hohe Düne
Darß-museum
Kultur-Katen
Seemanns-kirche
Ringwall Hertesburg
Ostseeheilbad Zingst
Zingster Kinderwelt
Peter-Pauls-Kirche
Museumshof
GROSSE KIRR
FITT
Darßer Urwald
Esper Ort
Raesfeld-denkmal
Darß
PREROW-STROM
Schmidt-bülten
nach Prerow
Wieck
Darßer Arche
Fastbültenhaken
BODSTEDTER
BODDEN
Zingst - Bodstedt, Fuhlendorf
Meiningen-brücke
BÜLTEN
Darß-Bahn-Museum
Bresewitz
Hinterste Berge
Rehberge
JH Ibenhorst
Nationalpark-amt
Bliesenrade
Born
Forst- u. Jagdmuseum
Fischer-Kirche
Prerow - Born, Ahrenshoop, Wustrow
Nadel-haken
Pruchten
Ostseebad Ahrenshoop
Ahrenshooper Holz
Kunstkaten
Schifferkirche
Schiffer-berg
Bodenort
Althagen
Rhedeort
JÄGER-BÜLTEN
Planort
Bodstedt
Dorfkirche
Gut Glück
BARTH-TANNEN-HEIM
St.-Marien-K.
Niehagen
Fischland
BODDEN
KOPPELSTROM
BORNER BÜLTEN
Eichort
REDENSEE
Michaels-dorf
Fuhlendorf
PLANITZ
Bakel-berg
Ostseebad Wustrow
Fischlandhaus
NEUENDORFER BÜLTEN
Barther
Barthe
0 1 2 3 4 5 km

die Besetzung des damals brandenburgischen Ribnitz. Im Jahr 1950 wurden die beiden Städte Ribnitz und Damgarten gegen ihren Willen zu der jetzigen Doppelstadt vereinigt, was zu der kuriosen Situation führt, dass der eine Ortsteil in Mecklenburg und der andere in Vorpommern liegt.

Langsam hebt sich der Weg aus dem Flusstal empor und wechselt am Ortsende auf die rechte Straßenseite. In Kückenshagen queren wir die Straße und fahren auf der ehemaligen Bahntrasse auf einem schön asphaltierten Radweg weiter. Am Ende müssen wir nach links auf den straßenbegleitenden Radweg einbiegen. Achtung: Am gelben Schild „rechtsabbiegender Radfahrer" wechselt nur der Radweg auf die andere Straßenseite, wir fahren weiter bis links die **Saaler Kirche** in das Blickfeld tritt.

Um 1300 begann man mit dem Bau der **Saaler Kirche**. Der prächtige Backsteinbau erscheint heute im Verhältnis zum Ort recht groß und verfügt über eine reiche Ausstattung. Neben der turmlosen Kirche errichtete man einen hölzernen Glockenturm der 1735 grundhaft erneuert wurde.

Nach **Neuendorf** können wir einen schönen Radweg nutzen.

Im Ort verlassen wir die rechts abbiegende Hauptstraße geradeaus. Der Weg geht in einen Pfad über, wir fahren entlang einer schönen Pappelallee direkt am Bodden entlang, wo sich das Schilf im Winde wiegt. In der Ortschaft **Neuendorf Heide** fahren wir immer geradeaus. Am Ortsende zeigt uns der Radwegweiser „Michaelsdorf 2 km", dass es auch hier geradeaus weiter geht. Am Waldrand haben wir zwei Möglichkeiten:

Boddenlandschaft

1. Nach Michaelsdorf geradeaus weiter. Dort trifft man direkt auf die Pommerlandsschenke (preiswerte, typische Gerichte). Dort rechts, dann fahren wir rechtshaltend weiter durch den Ort Richtung Fuhlendorf. Ab dem linksseitigen Parkplatz noch 200 m die kleine Anhöhe hinauf und am höchsten Punkt nach links in den asphaltierten Radweg einbiegen. Am Ende beginnt linkerhand der straßenbegleitende Radweg nach Fuhlendorf.

2. Wer es eilig hat und Michaelsdorf nicht besuchen möchte fährt rechts am Schlagbaum vorbei und folgt dem dann leicht links abbiegenden Weg immer geradeaus. Am Ende links auf den straßenbegleitenden Radweg.

Kurz vor Fuhlendorf wechselt der Radweg auf die rechte Seite, dem wir durch den ganzen Ort folgen. **Fuhlendorf** geht quasi nahtlos in **Bodstedt** über.

> **Fuhlendorf** fand seine erste Erwähnung im Jahre 1278. Im Schwedisch-Brandenburgischen Krieg (1675 bis 1679) wird der Ort stark mitgenommen, erst mit dem Aufschwung der Schifffahrt im 19. Jh. zog, wie in den meisten Boddendörfern, vorübergehend ein bescheidener Wohlstand ein. **Bodstedt** ist als Austragungsort der jährlich stattfindenden Zeesenbootregatten und durch den Zeltplatz bekannt. Die 1388 erstmals urkundlich erwähnte Bodstedter Kirche erhielt später als Wallfahrtsort überregionale Bedeutung. Sie besitzt eine wertvolle Ausstattung mit bemalter Holzdecke, einem Taufstein aus dem 12./13. Jh. und einen Barockaltar von 1741. Kostbar sind Lesepult, Kanzel sowie Grabsteine und ein Votivschiff als Zeugnis der Schifffahrtsgeschichte. Heute ist **Fuhlendorf** mit **Bodstedt** vereint und als Ferienort bekannt.

Hinter dem Hafenbecken Bodstedt, in dem meistens ein paar Zeesenboote liegen, können wir rechts einbiegen. Wir fahren für kurze Zeit auf einem schönen Weg direkt am Bodden entlang. Hier lädt auch eine Badestelle zu Erfrischung im Bodden ein. Dann fahren wir wieder auf der Straße. Anschließend folgen wir der Fahrradwegweisung „Pruchten" nach links. Auf einem schmalen Sträßchen fahren wir nach **Pruchten**, wo wir nach links in den Ostseeküsten-Radweg parallel zur Bahntrasse einbiegen.

> **Pruchten** entwickelte sich an der Stelle einer alten slawischen Siedlung, die 1278 das erste Mal erwähnt wurde. Zum Ort gehört die nördlich gelegene Siedlung **Bresewitz**, die 1302 erstmalig in einer Urkunde genannt wird. Die ganze Region Vorpommern kam 1648 mit dem Westfälischen Frieden unter schwedische Herrschaft. Erst 1815 kam Vorpommern zur preußischen Provinz Pommern.

Am ehemaligen Bresewitzer Bahnhof ist heute das **Darßbahnmuseum** ↗ eingerichtet. Danach überqueren wir auf der sehr schmalen Spur für Fußgänger und Radfahrer die **Meiningenbrücke** ↗.

Ab der Meiningenbrücke verläuft der Radweg auf dem alten Bahndamm weiter. Nach rund einem Kilometer ist die Bäderstraße zu queren. An der nächsten Kreuzung führen uns alle Möglichkeiten auf verschiedenen Trassen nach **Zingst**, für die Fortsetzung der Boddenrundtour fahren wir links.

> Das einstige Fischer- und Seefahrerdorf **Zingst** entstand 1823 durch das Zusammenlegen der kleinen, schon im 13. Jh. urkundlich erwähnten, Siedlungen Hanshagen und Pahlen. Der Ortsname Pahlen ist slawischen Ursprungs, während

Hanshagen deutsch ist. Nach der schwedischen Periode (1648 – 1815) entwickelte sich die Schifffahrt zum dominierenden Wirtschaftszweig. Zingst besaß nach Stralsund und Barth die meisten Segelschiffe. Der bescheidene Wohlstand dieser Zeit spiegelt sich im Wohnungsbau wider. Das Jahr 1881 gilt als das Geburtsjahr des Zingster Badewesens. Die Entwicklung des heutigen Seeheilbades zu einem beliebten Badeort begann in der zweiten Hälfte des 20. Jh. Die turmlose neogotische Kirche wurde 1862 von Stüler, einem Schüler Schinkels, nach dem Vorbild des Westgiebels vom Kloster Chorin erbaut. Auf dem ehemaligen Seemannsfriedhof findet man im Schatten alter Eiben Grabstätten aus vergangenen Zeiten mit ihren interessanten Grabsteinen und -kreuzen. Sehenswert ist das Zingster Heimatmuseum, das in einem alten Kapitänshaus eingerichtet ist. Die Ausstellung zeigt den Lebensstil und die Wohnkultur der Zingster Seeleute. Außerdem wird das Leben und Werk der Heimatdichterin Martha Müller-Grählert gewürdigt. Die Sommergalerie zeigt in Wechselausstellungen zeitgenössische Kunst.

Zeesenboote in Bodstedt

Am Ende des Deiches überqueren wir beim Campingplatz Freesenbruch die Seestraße und biegen nach links auf den Deichradweg ein. (Nach Zingst hier rechts!) Hoch oben vom Deich ist die Aussicht prächtig. Erst hat man das Gefühl als würden die Schiffe durch die Wiesen fahren, ehe man den Prerowstrom erkennt, der sich immer mehr der Küste nähert.

Einen besonders tollen Ausblick hat man dann von der Hohen Düne. Erklimmt man die Aussichtsplattform, liegen einem das Meer und das Hinterland zu Füßen. Wir halten uns rechts und biegen mit Beginn des Pflasters links ab in Richtung Hafen. Wer **Prerow** ↗ einen Besuch abstatten möchte, fährt hier geradeaus weiter.

Auf dem Weg zum Hafen kommen wir an der Schifferkirche vorbei und nutzen dann den straßenbegleitenden Radweg. Jetzt müssen wir die Straßenseite wechseln und können schon auf der anderen Straßenseite die Radweg-Ausschilderung Richtung Wieck erkennen. Die Radwegeführung ist an dieser Stelle sehr unübersichtlich. Eine Querung der Bäderstraße mit der Fußgängerampel ist auch nicht möglich, da der gesamte Hafenbereich gegenüber für Fahrräder gesperrt ist. Konsequenterweise sollte man den Hafen mit seinen Angeboten meiden!

Der Radweg führt nun durch flaches Wiesenland, was bei Gegenwind kein Zuckerschlecken ist. Unterwegs treffen wir auf zwei Beobachtungsplattformen, von denen man die ornithologische Vielfalt der Region bewundern kann. Wenn wir beim Jagdhaus die Ortslage Wieck erreichen, sind wir fast einen halben Kreisbogen gefahren und haben straffen Westkurs. Die Ortsdurchfahrt **Wieck** ↗ hat ein paar Kopfsteinpflastereinlagen bis die **Darßer Arche** ↗ erreicht ist. An der Arche geht's rechts vorbei, wo der Radweg gut sichtbar ausgeschildert ist. Am Ortsende wird der Weg wassergebunden. Wenige Meter später biegen wir nach rechts auf den Deich ein, wo sich der Weg direkt am Ufersaum des Boddens entlang windet. Dann müssen wir den nach rechts verlassen und biegen leicht rechts auf die Bliesenrader Straße ein. Diese unbequeme Betonplattenpiste können wir zum Glück schnell wieder nach rechts verlassen. Durch Wald- und Wiesenlandschaft erreichen wir **Born**. Hier halten wir uns links. Die Hauptstraße durch den Ort fällt vor allem durch ein Kopfsteinpflaster auf, das kein Radfahrer unbeschadet überstehen würde. Also fährt alles auf dem Bürgersteig. Das ist auch insoweit toleriert, als dass die Gemeindeverwaltung große Schilder aufstellen ließ, die gegenseitige Rücksichtnahme einfordern. Ab Herbst 2010 werden Baumaßnahmen dazu führen, dass sich die Situation verbessern wird. Also – Ruhe bewahren, Geduld zeigen und der alternativen Ausschilderung folgen.

Born ist ein altes Bauern-, Fischer- und Seefahrerdorf an der Boddenküste des Darß. Hier, am Koppelstrom, befand sich der Hafen, von wo die Borner Segelschiffer im 18. und 19. Jh. zu ihren Fahrten ablegten. Das geschlossene Ortsbild ist weitgehend noch in seiner ursprünglichen Form erhalten. Rohrgedeckte Häuser mit Krüppelwalmdach, mit Ornamenten geschmückte Türen, Holzschnitzereien und anderer volkstümlicher Zierrat geben dem Ort sein Gepräge. Die Oberförsterei (1771) steht, von alten Bäumen umgeben, mitten in einem Park. Früher hatten an dieser Stelle die Pommernherzöge ihre Jagdgelage gefeiert. Seit 1997 befindet sich dort ein Forst- und Jagdmuseum und eine Nationalpark-Information. Sehenswert ist die rohrgedeckte Holzkirche (um 1930). Das schlichte Tonnengewölbe verleiht ihr eine bemerkenswerte Akustik, die man bei Konzertveranstaltungen bewundern kann.

So fahren wir entlang der Chausseestraße fast durch die gesamte Ortschaft. Einige Meter nach dem Hafen biegen wir nach links in die Schulstraße ein. Kurz vor'm „Borner Hof" folgen wir der schmalen Südstraße, die dann geradeaus in den Weg „Auf den Branden" übergeht. Dem folgen wir in einer Rechtskurve und treffen kurz darauf auf die Fahrradwegweisung, die uns nach links auf einen pfadähnlichen Weg leitet. Wir erreichen den Campingplatz über den wir die Fahrräder schieben (privates Gelände!). Über eine kleine Lücke in der Einfriedung verlassen wir wieder den Campingplatz und fahren auf einem wassergebundenen Weg unmittelbar am schilfbewachsenen Boddenufer entlang. Auf den nächsten Kilometern bieten sich immer wieder herrliche Ausblicke auf die Boddenlandschaft. Für einen Abstecher nach **Ahrenshoop** ↗ verlässt man auf der Höhe des weithin sichtbaren Sendemastes am Schifferberg den Boddenweg nach rechts. Sonst geradeaus weiter – noch rund 1,2 Kilometer bis zum Hafen vom Ahrenshooper Ortsteil Althagen.

Die Skulpturengruppe in Wustrow

Der **Althäger Hafen** ist Ahrenshoops maritimes Tor. An den vor ein paar Jahren sanierten Uferbefestigungen und seinem modernen Anlegesteg kann man sowohl mit der Fahrgastschifffahrt als auch auf einem originellen Zeesenboot in See stechen. Ein Höhepunkt ist die jährlich am dritten Septemberwochenende stattfindende "Althäger Fischerregatta".

Am Hafen halten wir uns zunächst für ein paar Meter landeinwärts, dann biegen wir noch vor der Steigung nach links auf den
schmalen Weg ein. Beim „Haus am Kiel" führt der Weg wieder
auf die Bäderstraße. Wir biegen nach links auf den straßenbegleitenden Radweg ein, auf dem wir bis **Wustrow** fahren.

Wustrow wurde in einer Schenkungsurkunde von Papst
Gregor IX. für das Zisterzienserkloster Dünamünde
erstmals erwähnt. Die klassischen Küstenberufe Fischfang
und Schifffahrt haben die Entwicklung des Ortes
nachhaltig geprägt. Zur Blütezeit der Segelschifffahrt
hatten 240 Schiffe in Wustrow ihren Heimathafen.
Zur Ausbildung der Besatzungen wurde hier 1846 die
„Großherzogliche Mecklenburgische Navigationsschule",
die spätere **Seefahrtshochschule** ↗ Warnemünde-Wustrow
gegründet. Nach dem Niedergang der Segelschifffahrt
wendete man sich verstärkt dem Fremdenverkehr zu, der
heute eine führende Rolle im Wirtschaftsleben des Ortes
einnimmt. Die rote Backsteinkirche entstand 1873 an Stelle
einer baufälligen Feldsteinkirche. Damals hatte der hoch
aufragende Kirchturm als Seezeichen für die Schifffahrt große
Bedeutung. Außerdem hat er einen freien Umgang, um den
Seefahrtsschülern die Möglichkeit zu geben, mit dem Blick
auf den natürlichen Seehorizont das Navigieren zu üben.
Das Fischlandhaus ist ein ehemaliges Kapitänshaus, in
welchem sich das Heimatmuseum

befindet, das einen Einblick in die große Zeit der
Segelschifffahrt vermittelt. Wustrows ältestes
Kapitänshaus befindet sich gegenüber der Kirche und
heißt **Schifferwiege**.

Wer jetzt schon müde Beine hat, fährt die Strandstraße vor bis zur
Hauptstraße, dort rechts, Richtung Kirche. Nun sind es links nur
noch ein paar Meter bis zum Hafen, von wo man mit dem Schiff
nach Ribnitz-Damgarten fahren kann.
Im Zentrum der Ortslage biegen wir an der Ampelkreuzung nach
rechts in die Strandstraße ein. Fast an deren Ende erreichen wir
den Deich und können nach links auf den Deichradweg einbiegen. Auf dem wunderbar asphaltierten Weg fahren wir an Sand-
dornhecken, dem Windrad und dem **Skulpturenpark** vorbei.

Die **Skulpturengruppe** mit dem symbolischen Namen „Tor
in das Jahr 2000" wurde nach der Wende installiert. Der für
uns inzwischen selbstverständliche Gedanke eines Tors mit
Blick übers Meer stieß vor 1989 nicht auf Gegenliebe bei den
Funktionären. Aus der politischen Brisanz wurde inzwischen
ein poetischer Gedanke. Vier Künstler aus Mecklenburg-
Vorpommern und Brandenburg haben zwei größere und zwei
kleine Skulpturen aufgebaut. Seither haben Klima und Meer
an der Kunst gearbeitet, so dass Rekonstruktionsarbeiten als
nächstes anstehen.

1. Boddenrundfahrt

Jetzt ist das Meer nur noch wenige Meter vom Weg entfernt! Zahlreiche Übergänge laden zu einem Abstecher an den Strand ein. Der kleine Wustrower Leuchtturm hat eine Besonderheit, er sendet sein Licht sowohl auf das Meer, als auch auf den Bodden hinaus. Bald darauf erreichen wir **Dierhagen**, das aus vielen Ortsteilen besteht.

Dierhagen wird 1311 in einem dänischen Schutzbrief das erste Mal urkundlich erwähnt. Heute besteht das Ostseebad Dierhagen aus den über ein weites Gebiet verstreuten Ortsteilen **Dierhagen Dorf, Dändorf, Dierhagen Strand, Dierhagen Ost** und **Dierhagen Neuhaus**. Während die erstgenannten Ortsteile am Bodden liegen, sind die drei letztgenannten der See zugewandt. In der Blütezeit der Segelschifffahrt waren viele Dierhäger und Dändorfer auf den Weltmeeren unterwegs. Um die Jahrhundertwende nahm der Badebetrieb in Dierhagen seinen Ausgang. Die breiten Straßen mit den massiven Häusern, die heute das Ortsbild bestimmen, entstanden nach dem großen Brand von 1859, dem der gesamte Ort zum Opfer fiel.

Kopfweiden prägen die Landschaft

Bereits im Ortsteil **Dierhagen Strand** verlassen wir in Richtung Ostseehotel (Wiesenweg) den Deich. Am Ende queren wir die Bäderstraße und fahren gegenüber in den Klaasweg ein, der uns nach **Dierhagen Dorf** führt. Dort fahren wir wenige Meter nach links, um dann nach rechts in die Wallstraße einbiegen zu können. Die geht in einen schönen Wiesenweg über, der uns boddennah zum Dierhäger Ortsteil **Dändorf** bringt. Dort halten wir uns rechts und müssen ein Stück hässliches Kopfsteinpflaster überstehen, um entlang der Dorfstraße wieder zur Bäderstraße zu gelangen. Hier gibt es wieder einen schönen Radweg parallel zur Bäderstraße, auf dem wir nach Hof Körkwitz gelangen. Jetzt müssen wir entsprechend der Wegweisung nach links in Richtung Ribnitz-Damgarten abbiegen. Wir passieren das Klärwerk von Körkwitz und fahren am Ortsrand entlang, bis uns der Körkwitzer Bach nach rechts zwingt. Parallel zur Straße gibt es eine Radfahrerbrücke ans andere Ufer. Nun schlängelt sich der gepflasterte Weg durch eine Wiesen- und Schilflandschaft Ribnitz entgegen. Vorbei an einigen Bootstegen gelangen wir zum **Ribnitzer Hafen**. Hier hat sich der Kreis geschlossen. Nun ist auf alle Fälle noch eine Besichtigung der Altstadt zu empfehlen. Dazu fahren wir gegenüber dem Hafen die Grüne Straße leicht bergauf und stehen kurz darauf mitten auf dem neu gestalteten Markplatz, der von einer imposanten Kirche überragt wird.

Ribnitz wurde bereits 1233 als Stadt erwähnt. Das Ribnitzer Nonnenkloster wurde 1323 durch den mecklenburgischen Herzog Heinrich II. gestiftet. Erst nach dem Tod der Äbtissin Ursula im Jahre 1586 konnte das Kloster der mecklenburgischen Ritterschaft übergeben werden, die es in ein Damenstift umwandelte. Heute werden Teile des Klosters zu musealen Zwecken genutzt.

Die ehemalige Klosterkirche wurde 1393 geweiht. Lediglich an den Giebeln trägt der schlichte Bau einige Schmuckelemente. Im Inneren sind einige sehenswerte Ausstellungsstücke erhalten. Berühmt sind die unter dem Namen **„Ribnitzer Madonnen"** bekannten Madonnenbilder (um 1400), die neben anderen Schnitzfiguren und dem reich geschmückten Sandsteingrabmal der Äbtissin Ursula zu sehen sind. Die Stadtkirche „St. Marien" stammt in seinen ältesten Teilen aus dem 13. Jh. Im 14. Jh. wurde die große Backsteinhalle um den Chor erweitert. Während der Erneuerung in der zweiten Hälfte des 18. Jh. erhielt der Bau mit dem mächtigen Mansardendach und der Schweifkuppel sein heutiges Aussehen. Das **Deutsche Bernsteinmuseum** ist im ehemaligen Dominahaus des Damenstifts untergebracht. In ihm wird über Entstehung, Fundstätten und Verarbeitung informiert. Neben reinen Schmuckstücken wird auch eine Vielzahl von bernsteinverzierten Gebrauchsgegenständen gezeigt. Besonders beliebt sind die Ausstellungsstücke, die Insekteneinschlüsse (Inklusen) zeigen. Von der ehemals 2000 Meter langen Stadtmauer sind nur noch kleine Reste am Kloster und das Rostocker Tor erhalten.

Vom Marktplatz gelangt man über die Hauptgeschäftsstraße (Lange Straße) und dann an der Ampel rechts über die Bahnhofsstraße zurück zum Bahnhof.

Streckenlänge: (40 km) 25 km
Wege: ausgebaute Radwege, Waldwege, Nebenstraßen, Betonplatten
Profil: flach

Die Tour wird in Wustrow an der Seebrücke oder in Dierhagen Strand am Plateau gestartet. Von der Seebrücke in Wustrow fahren wir 50 m ortseinwärts und biegen nach rechts auf den Deichradweg ein. Vorbei am großen Windrad geht es bis nach **Dierhagen** ↗ immer auf dem Deich entlang. Wenn der Radweg auf dem Deich endet, fahren wir nach links in die Siedlung **Dierhagen Strand** ein. Eine schmale Straße führt uns vorbei an vielen kleinen Häusern bis zum Plateau.

Vom Plateau fahren wir auf der Straße zwischen Küstenwald und dem Ort weiter bis wir in den Wald eintauchen. Ein gut befahrbarer Waldweg windet sich durch die Kiefern und kreuzt die Hotelzufahrt des Fischlandhotels. Dann geht es leicht rechts auf einer schmalen Asphaltstraße weiter. Bis wir den Ortsteil **Dierhagen Neuhaus** erreichen. Am Ende schlängelt sich die Route in vielen Kurven entlang der Häuser einer neuen Hotelanlage. Wir halten uns weitgehend rechts und können dann

Unser Ziel: Der Rhododendronpark in Graal-Müritz

geradeaus Richtung Zeltplatz weiter fahren, den wir rechts passieren. Wenige Meter später endet der Asphalt. Der Weg verläuft, teilweise unter einem schattenspendenden Blätterdach, direkt zwischen Düne und dem NSG **Großes Moor**.

Das **Große Moor** ist wie das Kleine Moor ein Regenmoor, das entsprechend seiner Lage auch als Müritz-Ribnitzer Moor bezeichnet wird. Im 19. Jahrhundert wurde hier im großen Stil Torf gestochen. Erst 1939 wurde es gemeinsam mit dem Kleinen Moor unter Naturschutz gestellt. Der ausgeschilderte Wanderweg durch das Moor erhebt sich 30 cm über seine Umgebung, so dass man schön die Moorvegetation sehen kann. Typische Pflanzen sind das Wollgras, die Glockenheide (Erika) und die Moosbeere.

Im Ortsteil Müritz biegen wir nach rechts auf den Dünenweg ein, von dem man eine herrliche Aussicht auf die Ostsee hat. Nach knapp 2 km haben wir die Seebrücke **Graal-Müritz** erreicht.

Das Ostseeheilbad **Graal-Müritz** erstreckt sich von Wald und Mooren umgeben über mehrere Kilometer parallel zur Küste. Nur durch einen schmalen Waldschutzstreifen ist der Ort vom Strand getrennt.

1938 wurden die Ortsteile Graal und Müritz zusammen gelegt. Seinen Ruf als Seeheilbad verdankt der Ort seinem besonderen Klima, das durch das Meer, den Wald und die Moorlandschaft geprägt ist. Bereits 1884 wurde in Graal-Müritz das erste Kindersanatorium an der Ostseeküste eröffnet. Heute führt das Rehabilitationszentrum die langjährigen Traditionen der Heilkuren fort. Die reetgedeckten Büdnereien in der Ribnitzer Straße wurden zu Beginn des 19. Jahrhunderts errichtet. Im Graal-Müritzer Heimatmuseum kann man sich über die Entwicklung des Ortes und seiner Geschichte informieren.

An der Seebrücke dürfen wir nicht geradeaus weiterfahren, die Promenade ist den Fußgängern vorbehalten. Wir fahren links über den Platz und dann gleich rechts hinter dem Hotel ab. Die Wegeoberfläche ist dann wieder gesandet und schlängelt sich durch wunderschönen Buchenwald.

Nach 1300 m sind wir an einem Rastplatz mit Gaststätte und Eiscafé angekommen, wo ein Strandübergang zu einer Stippvisite ans Meer einlädt. Dann halten wir uns links und nach ein paar Metern haben wir den **Rhododendronpark** erreicht. Fahrrad fahren ist im Park verboten, da muss man das Rad schieben oder lässt es draußen stehen.

Der Kurpark von Graal-Müritz mit seinem ca. 4 Hektar großen **Rhododendronpark** ist eine botanische Attraktion. Im Mai, wenn die Büsche in voller Blüte stehen, findet ein Rhododendronpark-Fest statt, das tausende Besucher anlockt. Gegründet wurde der Park, der heute über 60 verschiedene Azaleen- und Rhododendronarten beherbergt, 1960 durch den Gartenarchitekten Evert. Insbesondere bei den Azaleen können stattliche Exemplare bewundert werden. In den Jahren 2005/2006 ist der Park erheblich ausgelichtet und mit einem Zaun versehen worden, weil Wildschweine sich das Revier als Suhlplatz ausgesucht hatten. Der Eintritt in den Park ist frei. Die Schließzeiten sind jährlich 1. 10. bis 31. 3. von 21 bis 8 Uhr. Vom 1. 4. bis 30. 9. von 23 bis 6 Uhr. Bei Dunkelheit werden die Tore geschlossen.

Entlang des für Fahrzeuge gesperrten Zernes-Weges gelangen wir zur Kurstraße, in die wir einbiegen. Am Haus des Gastes wechseln wir dann auf den linksseitigen Radweg, der uns durch den halben Ort führt. Am Alten Bahnhof, wie die Hauptstraße erst links, am Ende der Straße wieder rechts. Der straßenbegleitende Rad-/Fußweg geht am Ortsende in einen Waldweg parallel zur Ribnitzer Straße über. Kurz vor Klein Müritz wechselt der Radweg auf die andere Straßenseite. In Klein Müritz halten wir uns leicht links und folgen der Ausschilderung zur **Natur-**

Schatzkammer. Das Sackgassenschild braucht uns nicht zu erschrecken: es gilt nicht für Radfahrer! Kurz darauf ist Neuheide und die **Natur-Schatzkammer** erreicht.

Alles begann 1999, als Robby Krasselt, ein gelernter Tierpräparator, in seinem Privathaus ein Pilzmuseum errichtete. Heute hat sich das Ganze zum Ausstellungskomplex **Natur-Schatzkammer** & Paradiesgarten, Pilzmuseum gemausert. Auf über 1000 m² Ausstellungsfläche sind in 10 Ausstellungsbereichen weit über 60.000 Exponate zu bewundern. Das Pilzmuseum, das erste im Osten Deutschlands, zeigt 250 Pilzarten in ihrem Lebensraum. Die Sammlung von Muscheln und Schnecken kann 13.000 Arten aus aller Welt vorweisen. Von der winzigen Pfeilschnecke bis zur riesigen Mördermuschel. Schmetterlingsfreunde kommen hier auch auf ihre Kosten, die schönsten Exemplare der Welt sind hier vereint. Die Blütenpracht im 3500 m² großem Paradiesgarten zeigt die Blütenvielfalt von Rosen und Stauden. Darüber hinaus gibt es noch eine ganze Menge seltener Exponate und Vorführungen. Heute zählt die Einrichtung zu den besten Privatmuseen in Deutschland und lockte bislang weit über 300.000 Gäste an.

Wir passieren den Schlagbaum, der hier den motorisierten Verkehr verhindert. Auf der alten asphaltierten Straße erreichen wir die Bäderstraße. Auf der anderen Straßenseite biegen wir nach links in den

Die Natur-Schatzkammer ist unbedingt sehenswert

asphaltierten Radweg ein. Über Hof Körkwitz fahren wir auf dem neuen Radweg bis zur Kreuzung „Fischländer Tor" in Dierhagen parallel zur Bäderstraße. Hier wechseln wir auf die andere Straßenseite, und fahren geradeaus in die Ortslage Dierhagen Strand und erreichen den Ausgangspunkt am Plateau. Nach Wustrow gelangen wir wie auf dem Hinweg entlang des Deichradweges bis zur Seebrücke.

Streckenlänge: (66 km) 53 km
Wege: ausgebaute Radwege, Waldwege, Nebenstraßen, Betonplatten
Profil: flach
Bemerkungen: Bis Warnemünde verläuft die Route auf dem Ostseeküsten Radweg

Die Tour wird in Wustrow an der Seebrücke oder in Dierhagen Strand am Plateau gestartet und verläuft über den Ortsteil Dierhagen Neuhaus bis nach **Graal-Müritz** ↗ auf der gleichen Strecke wie Tour 2.

An der Seebrücke von Graal-Müritz halten wir uns links und gleich nach dem Hotel fahren wir rechts in einen Buchenwald. Am Ende des Weges halten wir uns leicht links, wo sich der **Rhododendronpark** ↗ befindet. Am Rondell fahren wir geradeaus weiter. Entsprechend der Wegweisung nach rechts. Wir queren auf einer schmalen Brücke den Stromgraben und erreichen die Rückseite des Campingplatzes. Dann links auf den asphaltierten Weg einbiegen. Nach ca. 800 m erreichen wir die zeitweise flott befahrene Zeltplatzstraße, auf die wir nach links einbiegen kurz darauf wieder rechts. Vor allem die ersten Meter sind nicht so

toll, da sie mit holprigen Betonplatten versehen sind. Dann ist der Weg durch die **Rostocker Heide** gut zu befahren und gut ausgeschildert.

Zwischen Warnemünde und Dierhagen erstreckt sich die nordöstliche Heide Mecklenburgs. Sie umschließt die **Rostocker Heide**, die Gelbensander Forst, die Forst Alte Heide und einen Teil der Ribnitzer Forsten. Dieses etwa 12.000 Hektar große Gebiet mit Mooren und Torfstichen gilt als der größte küstennahe Wald zwischen niederländischer und polnischer Grenze. Vor allem Buchen, Eichen und Kiefern sind hier anzutreffen.

Das Gebiet der nordöstlichen Heide ist ein Landschaftsschutzgebiet, in dem drei Naturschutzgebiete ausgewiesen sind. Hier gelten besondere Verhaltensregeln, denen man auch Rechnung tragen sollte. Obwohl die eigentliche Rostocker Heide mit einer Größe von etwa 6.000 Hektar nur bis zum Stromgraben reicht, wird im Sprachgebrauch die gesamte nordöstliche Heide fälschlicher Weise als Rostocker Heide bezeichnet.

Nach 3,6 km biegen wir nach links auf einen alten Asphaltweg ein. Gut 1 km weiter endet der Asphalt, hier links halten. Wer Lust hat, kann einen der rechtsabgehenden Pfade für einen Abstecher zu einer Aussichtsplattform mit Blick auf das Hüttelmoor nutzen. Achtung beim Überqueren der Markgrafenheider Straße! Hier wird gerast und die Drängelgitter erschweren zusätzlich die Passage. Auf der anderen Seite biegen wir nach rechts auf den breiten asphaltierten Radweg ein. Wir sind schon fast am Ziel, da ist für ein paar hundert Meter der Asphaltbelag unterbrochen und wir können über das Schilf der Radelwiesen schon die nahen Portale der Warnower Kvaerner Werft sehen. Wir passieren Markgrafenheide mit seinem Kletterwald und fahren im Ortsteil Hohe Düne entlang des riesigen **Marinestützpunktes** der Bundeswehr.

Der **Marinestützpunkt** geht auf den bereits in den Jahren 1913/14 hier errichteten Flugplatz Warnemünde-Hohe Düne zurück. 1922 mietet sich der Flugzeugentwickler Ernst Heinkel in eine der Flugzeughallen ein und legt damit den Grundstein für die Ernst Heinkel Flugzeugwerke, die sich zu einem bedeutenden Standort des Flugzeugbaus entwickeln. Heinkel-Flugzeuge bestimmten vor allem im Bereich der Seefliegerei maßgeblich die Entwicklung in der damaligen Zeit, was sich in zahlreichen Erfindungen und Weltrekorden der Flugzeuge niederschlug.

Jetzt ist es nicht mehr weit und die Fähranlegestelle Hohe Düne - Warnemünde ist erreicht. Hier liegt nun der Breitling mit seinem Hafen und Werftanlagen direkt vor uns. Häufig kann man auch eine der großen Skandinavienfähren sehen, die hier in den Breitling steuern. Zum Bummel durch das sehenswerte Städtchen muss man mit der Fähre ans andere Ufer übersetzen.

Warnemünde wurde um 1195 erstmals urkundlich erwähnt. Die reiche Nachbarstadt Rostock kaufte das Fischerdorf 1323. Nur so konnten sich die Rostocker den strategisch so wichtigen Zugang zur See dauerhaft sichern. Warnemünde bestand damals aus zwei parallel zueinander verlaufenden

Häuserreihen. Der zur Verwaltung bestellte Vogt hatte die Interessen der Rostocker Bürgerschaft durchzusetzen. Nur noch Fischer, Seelotsen und Seeleute durften in Warnemünde ihrem Beruf nachgehen. Die Seeseite wird durch die Molen, die die Hafeneinfahrt vor Wellenschlag und Treibsand schützen, geprägt. Die mehrmals verlängerte Westmole hat heute eine Länge von 540 Metern und ist eine beliebte Pilgerstrecke der Urlauber. Durch die Politik Rostocks erhielt Warnemünde lange Zeit nur einen Fischerhafen, der bis heute erhalten ist. Der Fischmarkt auf der Mittelmole bietet Ostseefisch, z. T. direkt vom Schiff oder auch frischen Räucherfisch. – Heute befindet sich in Warnemünde auch noch einer der wichtigsten deutschen Kreuzfahrthäfen. Auf der Landseite streckt sich die Fußgängerzone „Am Strom", wo Eisdielen, Cafés und kleine Läden auf Besucher warten. An der Seepromenade steht der zum Ausgang des 19. Jahrhunderts gebaute Leuchtturm. Zusammen mit dem daneben 1968 errichteten Teepott avancierte der rund 32 Meter hohe Recke zum Wahrzeichen Warnemündes, der auch bestiegen werden kann und eine phantastische Aussicht bietet. Auf der anderen Seite der Düne erstreckt sich ein breiter Sandstrand, der im Sommer von tausenden Badelustigen bevölkert ist. Interessant ist der Planetenwanderweg. Entlang der Strandpromenade wurde ein maßstabgerechtes Modell

Der „Alte Strom" in Warnemünde

(M 1: 1.000.000.000) unseres Sonnensystems errichtet. Ausgehend von der Sonne, die mit einem Durchmesser von 1,4 m direkt neben dem Leuchtturm dargestellt ist, geht der Weg bis zum fast 6 km entfernten Pluto, der nur noch einen Durchmesser von 2,3 cm aufweist.

Bei der Rückfahrt an das östliche Warnow-
ufer sehen wir die prachtvollen Bauten der
Yachthafenresidenz Warnemünde vor uns.
Entworfen war der gesamte komplex als
Olympisches Dorf für die Segelwettbewerbe
für Olympia 2012 in Leipzig. Die nächsten
11 km folgen wir der Route auf der wir gekommen sind. Dann verlassen wir den
links abbiegenden Ostseeküsten-Radweg
und fahren geradeaus auf der asphaltierten
Müggenburger Schneise weiter. Nach 600 m
biegen wir an der nächsten Kreuzung leicht
rechts auf die asphaltierte Scheiden-Schneise
ein. Der Asphalt ist schon alt und an
manchen Stellen brüchig. Wir überqueren
die stark befahrene Bäderstraße und danach
die Bahngleise. Nun folgen wir der Scheiden-
Schneise, die später in die Schlemmin-
Schneise übergeht, mitten durch die
Rostocker Heide. Am Wegesrand können wir
einige prachtvolle Bäume wie die Kreuzeiche
und das Buchenzweibein bewundern.
In Neu Hirschburg erreichen wir eine asphaltierte Straße. Nach 400 m rechts abbiegen
und auf asphaltierter Strecke immer geradeaus

Warnemünde bietet immer auch etwas für „Schiffegucker"

(Weidenweg). Wir fahren geradeaus bis zum Altheider Weg, in den wir nach links einbiegen. Der Feldweg führt uns direkt zum **Freilichtmuseum Klockenhagen**.

Die erste Erwähnung **Klockenhagen**s datiert aus dem Jahr 1332. Im Mittelalter ging Klockenhagen in den Besitz des Ribnitzer Nonnenklosters über, was für die Bewohner eher vorteilhaft war. Über seine Grenzen hinaus wurde der Ort durch sein **Freilichtmuseum** bekannt, das 1970 eröffnet wurde. Es ist in einer sieben Hektar großen, parkähnlichen Anlage aufgebaut und gibt einen Einblick in das dörfliche Leben im Mecklenburg der vergangenen Jahrhunderte. Ursprünglich stand hier nur der Bauernhof (1690) der Familie Peters, der als Denkmalhof der Öffentlichkeit zugänglich gemacht wurde. Wenige Jahre später begann der Ausbau als ethnografisches Museum, in dem ländliche Volksbauweisen mecklenburgischer Landschaften vorgestellt werden. Inzwischen haben über ein Dutzend historische Bauwerke hier eine neue Heimstatt gefunden. In den Gebäuden ist das frühere Leben der Landbevölkerung nachgestaltet. Mit zahlreichen Festen und wechselnden Ausstellungen bietet das Museum jedes Jahr ein abwechslungsreiches Programm.

Im Freilichtmuseum Klockenhagen

Am Museum nutzen wir dann den linksseitigen Radweg der Mecklenburger Straße und fahren bis zur Ampelkreuzung, wo wir auf die andere Straßenseite wechseln. Dort biegen wir nach links auf den straßenbegleitenden Radweg ein. Auf diesem Weg, der durch herrliche Aussichten auf Kopfweiden bestandene Wiesen und Schilflandschaften geprägt ist, fahren wir immer parallel zur Bäderstraße bis zur Kreuzung Fischländer Tor. Hier wechseln wir nach links und treffen nach wenigen Minuten wieder am Plateau von Dierhagen Strand ein.

Nach Wustrow fahren wir vom Fischländer Tor auf dem linksseitigen Radweg der Bäderstraße, an dessen Ende wir nach links in den Wiesenweg einbiegen. Nach ein paar hundert Metern können wir nach rechts auf den Deichradweg einbiegen, der uns zu unserem Ausgangspunkt in Wustrow zurück führt.

Streckenlänge:	16 km
Wege:	ausgebaute Radwege, Waldwege, Nebenstraßen, Betonplatten, teilweise loser Sand
Profil:	überwiegend flach

Wir starten die Tour am Haus des Gastes, das in der ehemaligen Kaiserlichen Poststelle untergebracht ist, überqueren die Hauptstraße und fahren auf der anderen Straßenseite auf den Rad/Fußweg Richtung Kirche. Gegenüber der Kirche befindet sich eines der ältesten Häuser Wustrows, die **Schifferwiege**. An der Kirche halten wir uns links und erreichen den Hafen. Weiter entlang der Hafenstraße in Richtung Barnstorf, das Sackgassenschild können wir getrost ignorieren, es gilt nicht für Radfahrer. Nun windet sich ein von knorrigen Kopfweiden gesäumter Weg am Boddenufer entlang. Idyllisch liegt rechter Hand der alte Hof in dem die **Barnstorfer Kunstscheune** ihre Gäste erwartet.

Die Schifferwiege in Wustrow

Geöffnet hat die **Barnstorfer Kunstscheune** von 10-13 Uhr und von 15-18 Uhr (Juni - Mitte Oktober). Ursprünglich ein mittelalterlichen Bauernhof, wurde die alte Scheune der Hufe IV 1985 vor dem Verfall gerettet und traditionsbewusst wieder aufgebaut. Heute ist die Scheune das Zuhause für wechselnde Ausstellungen von norddeutschen Malern, Bildhauern, Keramikern und Schmuckgestaltern.

Rechter Hand weist ein Gedenkstein neben einem Birnbaum darauf hin, dass an diesem Flecken, den man „Am Feuerherd" nannte, sich schon 1743 der Ankerplatz der Wustrower Zeesen befand. Es folgen ein Schlagbaum und das letzte Gehöft. Kurz danach geht der Weg in einen Grasnarbenweg über. Links ist eine Koppel und junge Kopfweiden säumen die Strecke. Rastplätze mit schönen Aussichten auf den Saaler Bodden laden zum Verweilen ein. Wir fahren zwischen Feld und einer Weidenhecke entlang. Nach einem Brückchen wird der Weg schlecht. Wir passieren den links abbiegenden Weg geradeaus und müssen dann das Rad durch den losen Sand ein Stück schieben. Nach knapp 500 Metern wird der Weg besser, links geht es zu einem Gestüt, wir fahren geradeaus auf das große Haus zu, das Hotel Boddenblick. Hier folgen wir der Fahrrad-Wegweisung Richtung Ahrenshoop/ Althagen geradeaus. Nach 200 m links und dann nach rechts auf den Radweg der Bäderstraße einbiegen, den wir nach 100 m (vor Haus am Kiel) wieder nach rechts verlassen. Am Ende halten wir uns links und fahren unmittelbar am Bodden entlang, dessen Uferbereich von großen Schilfarealen bedeckt ist, das Material für die typischen Rohrdächer.

So gelangen wir zum Ahrenshooper Hafen im Ortsteil Althagen der sich rechts des Weges befindet. Wir folgen dem Weg geradeaus und dann links bis zur Bäderstraße. Dort wechseln wir auf die andere Straßenseite und fahren auf dem Radweg weiter. Hinter dem Einkaufsmarkt stoßen wir auf den **Grenzweg**, auf den wir nach links einbiegen.

Der **Grenzweg** markiert die alte Grenze zwischen den Landesteilen Mecklenburg und Vorpommern. Somit sind die Ahrenshooper Ortsteile Niehagen und Althagen in

Mecklenburg, während sich der Ortskern Ahrenshoops in Vorpommern befindet. Hier sehen wir auch ein Schild, das darauf hinweißt, dass nun der Darß anfängt.

Am **Steilufer** angekommen, sehen wir das wohl meist fotografierte Haus der deutschen Ostseeküste. Malerisch duckt sich hinter majestätischen Platanen das reetgedeckte Gebäude in die Dünen. Wir halten uns links, fahren über den Wendeplatz hinaus und können auf schmalen Wegen mehr oder weniger nah an der Steilküste entlang fahren, wo sich immer wieder herrliche Aussichten auf die See bieten. Wird der Weg zu schmal, sollte man lieber einen Parallelweg landeinwärts benutzen. Leider trübt loser Sand das Fahrvergnügen.

Kurz vor Wustrow kann man über eine Stahltreppe ans Wasser absteigen – falls die Fundamente nicht wieder ins Meer abgerutscht sind, was durch die Küstendynamik verursacht, passieren kann.

Kurz darauf ist die **Seebrücke** erreicht, wir halten uns links und biegen kurz darauf nach rechts auf den Deichweg ein. Nach 400 m, am Ende der Pflasterstrecke, entsprechend der Ausschilderung „Wustrow Zentrum" den Deich nach links verlassen.

Das Steilufer unterliegt ständiger Veränderung – hier am Fischland-Hochufer

Wer noch die südliche Begrenzung des Fischlandes erkunden möchte, der fährt auf dem Deich weiter geradeaus, bis der Radweg fast die Straße berührt. Hier hat man den Blick auf die Boddenlandschaft und kann sehen, wie die Schilfbänder des Permin sich ziemlich nah an die Straße heranschieben. Hier war bis ins 14. Jh. eine Seeverbindung.

Nach wenigen Metern ist das Gelände der **ehemaligen Seefahrtsschule** erreicht.

Die **ehemalige Seefahrtsschule** wurde 1846 als „Großherzogliche Mecklenburgische Navigationsschule" zur Vermittlung nautischer Kenntnisse gegründet und war damit die erste in Mecklenburg. Immerhin hatten zur Blütezeit der Segelschifffahrt 240 Schiffe in Wustrow ihren Heimathafen, so dass die Ausbildung der Besatzungen nötig wurde. Die Umbenennung in Seefahrtsschule Wustrow erfolgte 1916. Mit der Machtübernahme der NSDAP wurde die Schule zur „Reichsseefahrtschule". Als 1943 die Bremer Seefahrtschule ausgebombt wurde, verlagert man die Ausbildung nach Wustrow, wo nur noch Steuermannslehrgänge abgehalten wurden. Nach dem Krieg ist die Schule geschlossen. Erst 1949 wurde die „Seefahrtsschule Wustrow" wiedereröffnet. Nachdem schon einige Ausbildungsrichtungen nach Warnemünde verlagert wurden, erfolgte 1969 die Zusammenlegung zur „Ingenieurhochschule für Seefahrt Warnemünde/ Wustrow". Damit gab es erstmals im gesamten deutschsprachigen Raum eine Hochschulbildungsstätte für zivile Schiffsoffiziere und Kapitäne. Das Ende der DDR führt zur Auflösung der kurz davor noch zur „Hochschule für Seefahrt" aufgestiegenen Einrichtung. Ein Brand in dem Gebäudekomplex besiegelt 1992 das Ende

Idylle mit Käpt'n in Wustrow

der universitären Ausbildung in Wustrow. Nach einem Teilabriss der nicht denkmalgeschützten Gebäudeteile gehört der Komplex heute der Gemeinde, die mit dem Projekt „Fischlandzentrum Wustrow" eine Generationen übergreifende Begegnungsstätte installieren möchte.

Wir fahren durch den Ort und kreuzen die Lindenstraße und erreichen kurz darauf unseren Ausgangspunkt.

5. Ahrenshooper Leuchtturmtour

(Wustrow) - Ahrenshoop - Born - Wieck - Prerow - Leuchtturm Darßer Ort - Ahrenshoop - (Wustrow)

Streckenlänge: (47 km) 37 km

Wege: ausgebaute Radwege, Waldwege, Nebenstraßen, Betonplatten, landwirtschaftliche Wege

Profil: flach

Bemerkungen: Achtung! Bei starkem Westwind fahren wir die Tour gegen die Uhrzeigerrichtung, also zuerst Richtung Born. Dadurch haben wir den Wind auf der Hinfahrt im Rücken.

Wir starten in Wustrow an der Seebrücke und fahren in nördliche Richtung parallel zum Strand. Nach den Bunkeranlagen am Hochufer, wo auch zwei Betonklötze im Wasser liegen, fahren wir landeinwärts, entlang dem von Pappel und Weiden begrenzten Betonplattenweg. Wir queren die Bäderstraße und halten uns nach ca. 30 m links. Nach ca. 200 m nach links und dann nach rechts auf den straßenbegleitenden Radweg der Bäderstraße einbiegen, der in der Ortslage **Ahrenshoop** dann auf die linke Seite wechselt.

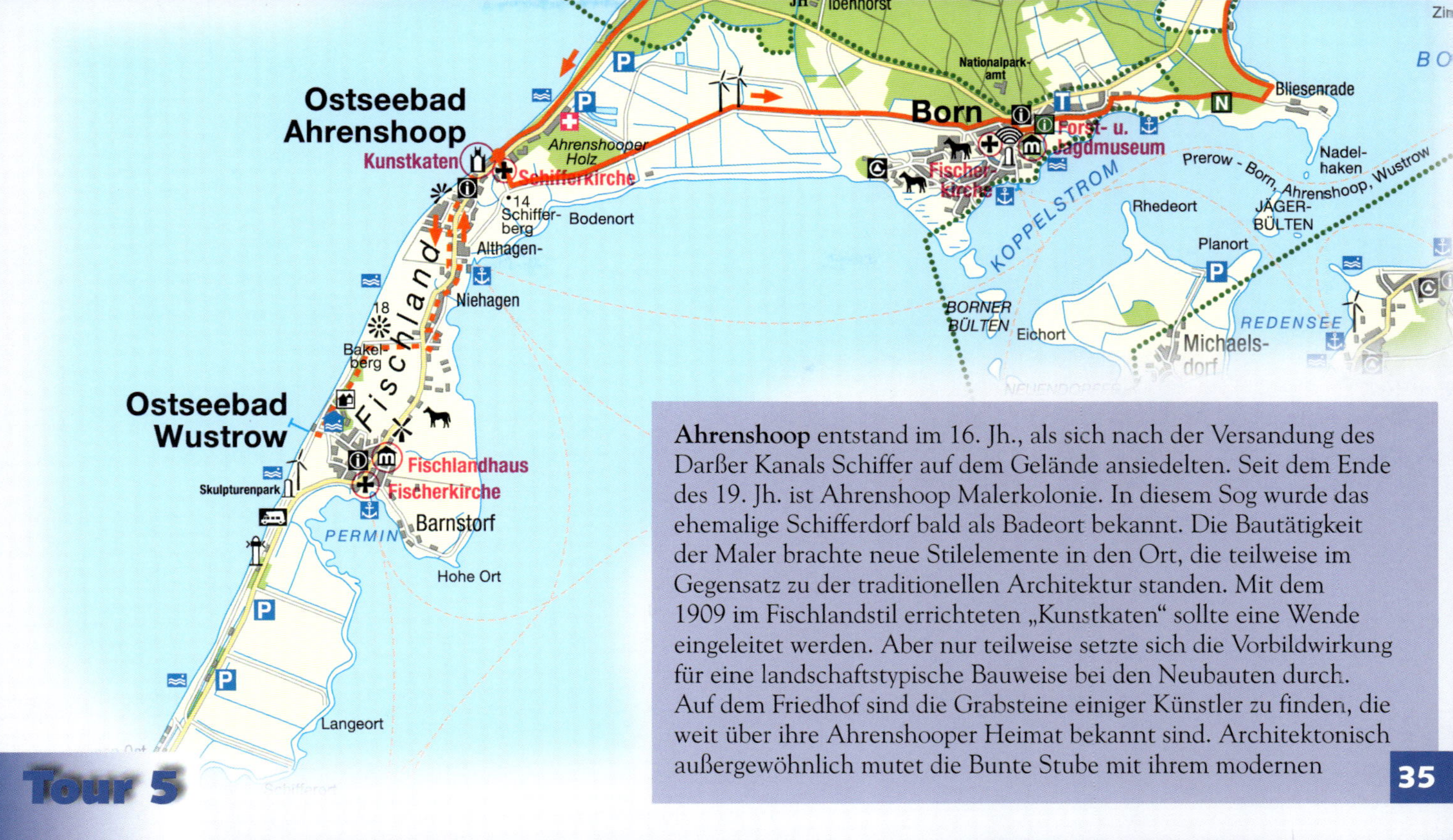

Ahrenshoop entstand im 16. Jh., als sich nach der Versandung des Darßer Kanals Schiffer auf dem Gelände ansiedelten. Seit dem Ende des 19. Jh. ist Ahrenshoop Malerkolonie. In diesem Sog wurde das ehemalige Schifferdorf bald als Badeort bekannt. Die Bautätigkeit der Maler brachte neue Stilelemente in den Ort, die teilweise im Gegensatz zu der traditionellen Architektur standen. Mit dem 1909 im Fischlandstil errichteten „Kunstkaten" sollte eine Wende eingeleitet werden. Aber nur teilweise setzte sich die Vorbildwirkung für eine landschaftstypische Bauweise bei den Neubauten durch. Auf dem Friedhof sind die Grabsteine einiger Künstler zu finden, die weit über ihre Ahrenshooper Heimat bekannt sind. Architektonisch außergewöhnlich mutet die Bunte Stube mit ihrem modernen

20er-Jahre-Stil an. Hier kann man Bilder, Bücher, Kunstgewerbe und ähnliches kaufen. In Galerien und in der Strandhalle werden Wechselausstellungen zeitgenössischer Künstler angeboten. Viele Ateliers laden zum Besuch ein. Es besteht die Möglichkeit, im Ort bei der Buddelschiffherstellung zuzusehen. Als Mitbringsel empfiehlt sich ein Stück der berühmten Fischlandkeramik.

Hinter der Bunten Stube (entsprechend der Radwegweisung Richtung Born, Wieck) nach rechts abbiegen. Kurz darauf treffen wir auf die **Schifferkirche**.

Die nach Plänen von Hardt-Waltherr Hämer errichtete **Schifferkirche** wurde am 14.10.1951 eingeweiht. Sie beeindruckt durch die Verbindung von moderner Architektur mit einem historischen Schilfdach. Es war ein Wunder, dass die Kirche in der damaligen Zeit trotz vieler staatlicher Störversuche überhaupt zustande kam. Es ist der Hartnäckigkeit und dem Improvisationsgeschick aller Beteiligten zu danken. Die Inneneinrichtung schuf die Bildhauerin Doris Oberländer-Seeberg aus einer am Bauplatz gefällten Pappel. Die von der Decke herabhängenden Schiffsmodelle hat der Ahrenshooper Kapitän Heinrich

Die Schifferkirche in Ahrenshoop ist einem umgestülpten Boot nachempfunden

Voss gebaut und gestiftet. Heute lädt die Kirche neben Gottesdiensten zu literarischen und musikalischen Veranstaltungen.

Vorbei am Schifferberg mit dem weithin sichtbaren Sendemast biegen wir dann nach links auf den asphaltierten landwirtschaftlichen Weg Richtung Born und Prerow ein. Nun immer geradeaus. Vorbei am **NSG Ahrenshooper Holz** und den beiden Windrädern fahren wir über das freie Land.

Das **NSG „Ahrenshooper Holz"** existiert in unverändertem Umfang mit seinem gemischten Waldbestand schon seit mindestens vier Jahrhunderten. In dem milden Klima gedeiht neben Buchen, Birken und Stieleichen die im Atlantik beheimatete Stechpalme (Ilex). Manche Exemplare erreichen sogar eine Höhe von vier Metern.

Weht hier der Wind von vorn, wird es besonders schwer. Am Ende der Straße, schon in der Ortslage **Born** ↗, nach rechts abbiegen, nach wenigen Metern ist die Kurverwaltung erreicht.

An der Kurverwaltung fahren wir nach links entlang der Chausseestraße weiter. Am besten geht's auf dem Fußweg (Radfahrer frei), da die Straße ein höllisches Kopfsteinpflaster zu bieten hat. Die sehr schmalen Fußwege sind nur mit gegenseitiger Rücksichtnahme

befahrbar! Haben wir fast die gesamte Ortschaft hinter uns, biegen wir entsprechend der Ausschilderung rechts auf den Bliesenrader Weg ab. Der führt uns dann durch ein kleines Waldstück, ehe wir nach rechts auf die Betonplattenstraße einbiegen, kurz danach entsprechend der Radwegweiser links. Danach biegen wir nach links auf den Deich ein. Jetzt fährt man unmittelbar am schilfbestandenen Boddenufer entlang, wo Lücken im Schilf immer wieder romantische Ausblicke auf den Bodden freigeben. Nach knapp 2 km biegen wir nach links in Richtung **Wieck** ab und wir nähern uns der **Darßer Arche** ↗, die ein sehr breites Angebot für die Gäste präsentiert.

Wieck ist durch den Darßer Wald vor den Westwinden geschützt. Die erste geschichtliche Erwähnung geht auf die Schwedischen Matrikelkarten vom Ende des 17. Jh. zurück. Die alten Fachwerktraufhäuser mit rohrgedecktem Krüppelwalmdach stammen in der Überzahl aus der Blütezeit der Segelschifffahrt, wie auch die verzierten, handgeschnitzten Haustüren. Um 1935 wurde Wieck von den ersten Urlaubern entdeckt. Aber erst nach dem Zweiten Weltkrieg entwickelte sich das Fremdenverkehrswesen zu einer bedeutenden Einnahmequelle. Trotzdem ist Wieck ein Schiffer- und Fischerdorf geblieben.

Von der Arche fahren wir entlang der Prerower Straße. Am Ende fahren wir in die für alle Fahrzeuge gesperrte Straße, die dann in einen schmalen Pfad übergeht, der als Fuß- und

Radweg beschildert ist. Am Ortsausgang geht dann dieser durch den Wald weiter. Wo der Weg aus dem Wald tritt beginnt ein nagelneuer Radweg, der bis nach Prerow führt. Kurz vor der Ortslage wechseln wir auf den linksseitigen Radweg und fahren in die Ortschaft **Prerow** hinein.

Das alte Seefahrer- und Fischerdorf **Prerow** wurde das erste Mal bei den dänisch-slawischen Kämpfen im 12. Jh. erwähnt. Seit dem 17. Jh. betreiben die Prerower die Seefahrt. Mit kleinen, selbstgezimmerten Booten wurden Transporte durchgeführt und Fischfang betrieben. Anfangs nur als Nebenerwerb betrieben, entwickelte sich die Darßer Segelschifffahrt unter der Förderung der schwedischen Regierung zu einem wichtigen Erwerbszweig. Sie erreichte im 19. Jh. ihren Höhepunkt, als man auch auf dem Darß Schiffe für die Fahrt auf allen Meeren baute. Nach dem Niedergang der Segelschifffahrt wurde der sich stetig entwickelnde Badeverkehr der dominierende Erwerbszweig. Im Jahre 1905 erfolgte die Aufnahme Prerows als Badeort in den Deutschen Ostseebäderverband. Der steinlose und feinsandige Strand in der windgeschützten Prerower Bucht ist bei Badefreunden sehr beliebt. Im 1953 gegründeten Darß-Museum wird die Geologie der Halbinselkette, die Fischereientwicklung und die Geschichte der Darßer Segelschifffahrt dargestellt. In der

Prerower Seemannskirche, einem Backsteinbau von 1728, sind Schiffsmodelle und Votivschiffe aus dem 19. Jh. ausgestellt. Auf dem Kirchfriedhof stehen an die 30 alte Seemannsgrabsteine mit Schifffahrtsmotiven. Die alten, meist rohrgedeckten Kapitänshäuser beeindrucken mit ihren farbenfrohen Türen.

Das Raesfeld-Denkmal

Entlang der Straße reiht sich alles was im Ort Rang und Namen hat. Geschäfte, Gaststätten, die Kurverwaltung und der Abzweig zur Seebrücke. Am Ende der Straße wechseln wir auf den linksseitigen Radweg, mit dem wir rechts abbiegen. Wir passieren den Kremser-Parkplatz und fahren unmittelbar danach links in den Leuchtturmweg ein. Der gut zu befahrende, feingesplittete Radweg schlängelt sich zwischen den Bäumen parallel zu der tief aufgewühlten Kremserroute dahin. Wir passieren das k-Gestell und erreichen nach 1,5 km den **Leuchtturm Darßer Ort** ↗ mit dem **Natureum** ↗. Wir fahren zurück zum k-Gestell, in das wir nach rechts einbiegen. Kurz vor dem Großen Stern stoßen wir auf das **Raesfeld-Denkmal** und das **ehemalige Meeresufer**.

Ferdinand-August Albert Maria von **Raesfeld** war von 1890 bis 1913 Revierverwalter des Forstamtes Darß. Ihm ist die naturnahe Aufforstung des Darßwaldes zu danken. An die 2000 ha Kiefernwald, die er damals auf Freiflächen anpflanzte, haben sich bis heute erhalten. Außerdem verfasst er unzählige Werke zum Weidwerk, die noch heute zu den Standartwerken der Jagdliteratur gehören. Auch wenn er die letzten 14 Jahre seines Lebens nicht auf dem Darß verbrachte, war es sein Wusch, hier beerdigt zu werden, so dass seine Gebeine ein Jahr nach seinem Tod hierher überführt wurden.

Bei dem **ehemaligen Meeresufer** handelt es sich um ein nicht mehr aktives, ein „fossiles" Kliff, das heute als markante, etwa 3 bis 6 m hohe Geländestufe in Erscheinung tritt. An dieser Stelle befand sich noch vor etwa 2000 Jahren das Meeresufer. Von hier aus wuchs die Halbinsel Darß, der Neudarß, seither um fast sieben Kilometer nach Norden.

Am Großen Stern halten wir uns rechts, das erstes Schild Weststrand ignorierend, folgen wir dann dem Schild „Weststrand Ahrenshoop". Wenn man eingebogen ist kann man am Ende des Weges schon das Meer erahnen. Am Strandübergang lohnt es sich, das Fahrrad abzustellen. Sturmgepeitschte Buchen recken hier ihre zerzausten Häupter in den blauen Himmel. Feinster Sand rieselt einen in die Schuhe, wenn man hier den Strandübergang erklimmt. Das ist der Weststand – ein Naturrefugium, das Jahr für Jahr unzählige Menschen anzieht, um hier ihre Erholung zu suchen.

Nun hat man gleich wieder Asphalt unter dem Reifen. Der Deichradweg bringt uns aus dem Darßwald heraus wieder nach **Ahrenshoop** ↗. Wenn wir am Abzweig zur Schifferkirche ankommen, schließt sich der Kreis. Alle, die von Wustrow und Dierhagen gekommen sind, können nun auf dem gleichen Weg wieder zurückfahren wie sie hergekommen sind.

6. Zur Darßer Arche in Wieck

(Zingst) - Prerow - Wieck - Prerow - (Zingst)

Streckenlänge: (23 km) 10 km
Wege: ausgebaute Radwege, Waldwege, Nebenstraßen,
                 Betonplatten
Profil: flach

Die Tour wird in Zingst am Haus des Gastes unmittelbar an der
Seebrücke oder in Prerow an der Seemannskirche gestartet. Vom
Haus des Gastes in Zingst fahren wir auf dem Deichradweg in
Richtung Osten. Schon fast in Prerow passieren wir die Hohe
Düne, auf der eine Aussichtsplattform zum Verweilen einlädt.
Wir halten uns rechts und biegen mit Beginn des Pflasters links
ab in Richtung Hafen. Wo wir die Schifferkirche passieren. Wir
fahren erst entlang des Parkplatzes und dann in die Hafenstraße
ein. Nach der Kreuzung mit der Strandstraße folgen wir der
Ausschilderung Wieck, die uns auf den straßenbegleitenden
Radweg aus Prerow führt. Wir überqueren die Bäderstraße, um
auf den neuen, linksseitigen Radweg zu gelangen. Leider endet
mit der Waldgrenze das Radelvergnügen, nun geht es auf einem
Pfad durch den Wald weiter. Am Ende des Waldstücks fahren
wir weiter auf einem ominösen Trampelpfad, der vor den ersten
Grundstücken Wiecks verläuft. Dann fahren wir geradeaus ins
Zentrum Wiecks, wo wir direkt auf die **Darßer Arche** treffen.

Das Nationalparkzentrum sowie Besucher- und Gästezentrum
Darßer Arche entstand aus der Alten Schule und einem
konsequent ökologisch errichteten schiffsrumpfartigen
Neubau. Über 500m² Ausstellungsfläche widmen sich
dem Nationalpark Vorpommersche Boddenlandschaft.
Hier wird die einzigartige Küstendynamik mit ihren
Abtragungen und Landwerdungsvorgängen dargestellt,
die zur Entstehung der heutigen Landschaft führten.
Darüber hinaus gibt es Umweltbildungsprogramme sowie
Naturerlebnis-Veranstaltungen. Das jeweils Ende September
stattfindende „Darßer Naturfilmfestival", das größte seiner
Art in Norddeutschland, hat hier seine Heimstatt. Auch die
Gästeinformationen und das Café „Fernblau" empfangen hier
ihre Gäste. Gleich nebenan lädt die Galerie „Künstlerdeck"
mit einem vielfältigen Angebot von Schmuck, Mode,
Malerei, Grafik, Plastik, Keramiken und Skulpturen zum
Besuch ein.

Zurück nach Prerow fahren wir entlang der Straße „Müggenberg"
in östliche Richtung. Kurz hinter dem großen Hotel halten
wir uns rechts und müssen ein paar Meter Kopfsteinpflaster

Die Darßer Arche in Wieck

auf einem ganz schmalen Weg überstehen. Wir verlassen die Ortschaft und fahren auf schöner schmaler Straße und erreichen kurz darauf den Ortsteil Jagdhaus. Wir folgen immer den nach Prerow ausgeschilderten Weg. Wir passieren zwei Aussichtsplattformen, von denen man ein Vielzahl von Vögeln beobachten kann, die auf einer Tafel erläutert werden. Nun sind es noch rund 2,5 km bis zum Hafen von Prerow. Nach Zingst wie auf dem Hinweg entlang des Deichradweges bis zur Seebrücke.

Streckenlänge: 13 km
Wege: Waldwege, Nebenstraßen
Profil: flach

Wir starten in der Waldstraße am Strandübergang zur Seebrücke. Nach 200 m biegen wir nach links auf den gepflasterten Deichweg ein. Am Ende des Weges leicht links. Kurz danach überqueren wir die Straße (Bernsteinweg) und biegen nach rechts auf den Radweg ein. Am Kreisverkehr fahren wir dann links auf die gut asphaltierte Zeltplatzstraße ein. Das Einbahnstraßenschild an der Zeltplatzrezeption können wir getrost ignorieren. Die Schrankenanlage des CP links umfahren und immer geradeaus weiter, vorbei am Abzweig zum Leuchtturm biegen wir kurz darauf nach rechts auf den Betonplattenweg zum **Nothafen** ab. Im Hintergrund ist schon das im Hafen liegende Rettungsschiff zu sehen.

Das im Nothafen liegende Rettungsschiff

Der **Nothafen** Darßer Ort wurde in den sechziger Jahren als Militärhafen für die DDR-Marine gebaut. Mit der Errichtung des „Nationalpark Vorpommersche Boddenlandschaft" liegt der Hafen in der Kernzone des Parks und darf nur noch als Nothafen betrieben werden, in dem ein Seenotrettungskreuzer liegt. Sportbooten ist nur in Notfällen hier die Zuflucht gestattet. Um die Zufahrt zu gewähren muss die Hafenzufahrt mitten durch das sensible Anlandungsgebiet hindurch jährlich freigebaggert werden. Abhilfe ist von einem Alternativhafen außerhalb der Kernzone des Nationalparks zu erwarten. Im Herbst 2009 wurde das Raumordnungsverfahren für den neuen Hafen in Prerow durch Verkehrsminister Mecklenburg-Vorpommerns eingeleitet.

Ist man an der Fahrrinne angekommen, lohnt ein Fußmarsch zum seichten Strand. Dann fahren wir über den Steg auf die andere Seite des Hafenbeckens und biegen dann gleich nach links auf den Betonweg ein. Der führt uns linkshaltend zurück zum Abzweig Leuchtturm. Jetzt biegen wir scharf rechts auf den sehr holprigen Plattenweg ein. Wer ein gefedertes Fahrrad sein eigen nennt, weiß hier diesen Komfort zu schätzen. Nach 800 m erreichen wir die Kreuzung mit dem Leuchtturmweg, auf den wir nach rechts einbiegen. Von hier sind es noch knapp 1,5 km bis zum Fahrradparkplatz am Leuchtturm.

Der sechsgeschossige, 35,4 m hohe **Leuchtturm am Darßer Ort** wurde als Rundbau von 1847-1848 aus roten Ziegeln errichtet. Er ist damit einer der ältesten an der deutschen Ostseeküste. Das durch Linsen verstärkte Feuer befindet sich in 33 m Höhe und hat eine Tragweite von 23 Seemeilen. Im Jahr 1936 wurde das natürliche Feuer durch ein elektrisches ersetzt. Seit 1978 wird der Leuchtturm ferngesteuert. Nachdem das ganze Leuchtturmareal zu DDR-Zeiten gesperrt war, können seit 1995 die Besucher wieder den Rundblick von der Aussichtplattform genießen. Mehr als 100.000 Besucher erklimmen dazu jährliche die 134 Stufen.

Leuchtturm am Darßer Ort

Seit Dezember 2009 erstrahlt der Turm im neuen Glanz. In monatelanger Arbeit wurde die Fassade einer gründlichen Überholung unterzogen, waren doch schon Risse und Durchfeuchtungen festzustellen. Dazu mussten über 8000 Mauersteine ausgetauscht werden. Seit 1991 empfängt das am Fuße des Turmes eingerichtete **NATUREUM** seine Gäste, eine Außenstelle des Deutschen Meeresmuseums Stralsund – ein Naturkundemuseum mitten in der Natur. In seinen Ausstellungen wird der Naturraum Darßer Ort mit seiner ungewöhnlichen Küstendynamik und seiner bermerkenswerten Pflanzen- und Tierwelt vorgestellt. Man findet zahlreiche Tierpräparate sowie eine Ausstellung über Küstenlandschaften rund um das Mare Baltikum. Im Ostseeaquarium kann man die Vielfalt der Meeresfauna vor Darßer Ort bewundern.

Interessant ist eine Wanderung auf dem 3,5 km langen **Naturlehrpfad**. Teilweise ist er zum Schutz der Vegetation bzw. wegen des moorigen Untergrundes mit Bohlen befestigt. Von den Aussichtsplattformen hat man einen hervorragenden Blick über die sensible Landschaft. Hier kann man sehr schön die Stadien der Entstehung von neuem Land sehen. Was an der Kliffküste vom Fischland abgetragen wurde, wird hier wieder angelandet und zu kleinen Dünen aufgetürmt. Zahlreiche Tafeln erläutern die Bildung von Dünen, Riegen und Reffen, Strandseen sowie Haken und Nehrungen.

Nun fahren wir den mit einem blauen Leuchtturmsymbol markierten Leuchtturmweg zurück. An der Kreuzung mit dem k-Gestell nun geradeaus weiter. Der gut zu befahrende, mit Schotter befestigte Radweg, schlängelt sich parallel zu der durch die Kremserfahrten tief aufgewühlten Fahrspur durch den Wald. Hier im Schatten der Bäume ist wirklich gut Rad fahren, auch wenn an manchen Tagen ganz schön viel Radverkehr herrscht. Zurück in Prerow überqueren wir die Straße und fahren wie beim Hinweg gegenüber auf den Betonplattenweg ein und erreichen kurz darauf den Deichweg, der uns wieder zum Übergang an der Seebrücke zurück bringt.

Streckenlänge:	35 km
Wege:	ausgebaute Radwege, verkehrsfreie Nebenstraße
Profil:	flach
Bemerkungen:	der Pramort ist *das* „Kranichzwischenlande-gebiet", aber auch wenn die Kraniche gerade nicht da sind, lohnt sich der Ausflug zum östlichsten Zipfel des Zingst

Am Haus des Gastes, das sich gleich neben der Seebrücke befindet, biegen wir nach links (ostwärts) auf den Deichradweg ein. Nach kurzer Zeit liegt das quirlige Seebad hinter uns und wir können die Seele baumeln lassen. Der Windschutzstreifen aus hochstämmigen Buchen gibt immer wieder den Blick auf die See frei und eine Vielzahl von Strandübergängen lädt zu einem Abstecher ans Wasser ein. Rechter Hand erstreckt sich der **Osterwald**.

Der **Osterwald** gehört zur Schutzzone II des Nationalparks. Das steinfreie Schwemmland wurde in den vergangenen 6000 Jahren vom Meer ausgespült. Die ehemaligen Dünenrücken sind als Hügel und die Dünentäler als feuchte Senken zu erkennen.

Am Pramort – mit und ohne Kraniche schön

Ab dem Fahrradparkplatz fahren wir auf einem neuen Deich geradeaus weiter und passieren den kurz danach rechts abgehenden neuen Deich. Am Ende des Weges biegen wir nach rechts auf den Betonspurenweg ein. Wir überqueren den neuen Deich am sogenannten **Dreiländereck**, dann links.

Am **Dreiländereck** trafen sich die Besitzungen des Amtes Barth, der Stadt Barth und der Stadt Stralsund. Als es im 14. Jahrhundert zu Unstimmigkeiten zwischen dem Kloster Hiddensee und der Stadt Stralsund kommt, wird ein Grenzgraben vom Salzhaken bis zur Ostsee gezogen und mit mächtigen Grenzsteinen gekennzeichnet. Einige sind heute noch zu sehen.

Zu Füßen des neuen Deiches verläuft ein 2009 fertiggestellter asphaltierter Weg, der uns phantastische Fahrbedingungen beschert. Viel zu schnell haben wir das beliebte Ausflugsziel Hotel **Schlösschen Sundische Wiese** erreicht.

Es war Baron von Klott Trautvetter, der sich 1902 mit dem Bau des **Schlösschens** den Traum von einem Herrensitz am Meer erfüllte, das er aber nach einer schweren Sturmnacht noch nicht einmal zwei Jahre später fluchtartig verließ. Danach waren der preußische Graf von Eulenburg der Berliner Zeitungsverleger Mosse und der Hüttenbaron

Hugo Stinnes die nächsten Eigentümer, ehe das Haus zu DDR-Zeiten als Kinderheim diente. Seite 1994 empfängt es nun als Vier-Sterne-Haus seine Gäste und lädt die Heerscharen von Radfahrern zu einer Rast im Biergarten ein.

Danach biegen wir nach links auf die Straße ein, die für den motorisierten Verkehr total gesperrt ist. Danach sind es nur gut 100 m bis zur **Nationalpark Informationseinrichtung Zingst/ Sundische Wiese**.

Die **Informationseinrichtung** im ehemaligen Wachgebäude stellt in ihrer Ausstellung „Lebensräume" den Wandel des Ostzingst von einem Militärstandort zu einem Naturrefugium dar. Der Gedanke eines Nationalparks in dieser Region ist nicht neu. Schon in den 1930er Jahren gab es Pläne dafür, doch dann war ein Bombenabwurf- und Schießgelände für die Luftwaffe wichtiger. Heute gibt es in der Ausstellung unterschiedliche Angebote, die es sowohl Erwachsenen als auch Kindern ermöglichen, sich mit der natürlichen Dynamik des Gebietes sowie mit seiner Flora und Fauna vertraut zu machen. Achtung: Zur Kranichsaison (1.9. bis Nov.) Darf man ab 15 Uhr nur mit einem kostenpflichtigen Passierschein zum Pramort.

Kurz hinter der Informationseinrichtung kreuzen wir einen neuen Deich, der im Rahmen der Küstenschutzmaßnahmen gebaut wurde. Danach radeln wir auf der schnurgeraden Straße immer geradeaus. Rechts erstreckt sich Weideland, links die Hinterlassenschaften des ehemaligen Schießplatzes, die man im eigenen Interesse lieber nicht betreten sollte. Wenn man Glück hat, kann man schon hier auf seltene Tiere wie z. B. einen Fischotter treffen. Am **Pramort** hat man dann den Endpunkt erreicht. Eine geschützte Beobachterplattform ist bei Vogelliebhabern zur Beobachtung der Vogelwelt sehr beliebt.

Pramort gehört mit zum größten mitteleuropäischen Kranichrastplatz, der sich von den Zingst vorgelagerten Inseln Große Kirr, Barther Oie, Großer Werder und Bock bis Rügen erstreckt. Jeden Herbst wählen zehntausende von Kranichen die Region zum Rastplatz, um sich für den weiten Weg in den Süden zu stärken. In einigen Wochen finden sie auf den Wiesen und abgeernteten Feldern genügend Nahrung, um den Weiterflug nach Südeuropa anzutreten. In diesem Refugium der Vögel kann man auch außerhalb der Kranichsaison viele Vögel wie Sandregenpfeifer, Seeschwalben aber auch die seltenen Säbelschnäbler und den rotschnäbeligen Austernfischer antreffen.

Auf dem Rückweg lohnt sich auf jeden Fall ein Abstecher zur **Hohen Düne**. Der Abzweig ist nach 500 m, und kurz darauf müssen die Fahrräder abgestellt werden, denn weiter geht es nur zu Fuß. Auf keinen Fall sollte man hier die vorgegebenen Wege verlassen. Im Bereich der Dünen führt ein Bohlensteg bis zur Aussichtsplattform, von der man wunderbar die Dünenlandschaft in Augenschein nehmen kann.

Die Wanderdüne **Hohe Düne** ist mit 13 Metern die zweitgrößte Sanddüne auf der Halbinselkette Fischland, Darß, Zingst. Es handelt sich bei der Hohen Düne um eine Weißdüne, die aus vom Wind aufgewehtem Strandsand besteht und nur einen geringen Bewuchs mit Sandhafer und Strandroggen aufweist. Hier kann man auch die seltene Stranddistel entdecken.

Der Strandhafer hält mit seinem weitverzweigten Wurzelwerk den Sand fest

Wenn wir auf dem Rückweg wieder den Deich überquert haben, biegen wir nach links auf den neuen Weg parallel zum Deich ein. Wenn einen nicht gerade eine steife Brise frontal ins Gesicht bläst, ist es ein Genuss, auf der schönen glatten Betonspur zu radeln. Leider sieht man wenig vom Wasser, da der Weg fast die ganze Strecke auf der Landseite des Deiches verläuft. Man muss dann schon eine der Aussichtsplattformen erklimmen, um die herrliche Aussicht über den Bod-den und seine Schilfinseln genießen zu können. Der Radweg folgt nun immer der Boddenküste und ab Müggenburg können wir sogar auf der Deichkrone fahren. Nun haben wir den Ausblick über die liebliche Landschaft frei. Am Hafen halten wir uns rechts, überqueren die Straße leicht versetzt, und fahren dann immer geradeaus bis wir wieder das Haus des Gastes erreichen.

Streckenlänge:	34 km
Wege:	ausgebaute Radwege, Waldwege, Nebenstraßen, Betonplatten
Profil:	flach
Bemerkungen:	zum größten Teil verläuft die Route auf dem Ostseeküsten Radweg

Wir starten am Haus des Gastes, das sich gleich neben der Seebrücke befindet. Wir biegen nach rechts (westwärts) auf den Deichradweg ein, den wir nach knapp 1,5 km am Campingplatz Freesenbruch verlassen. Auf der anderen Seite der Straße sehen wir dann schon den gepflasterten Radweg. Wir fahren auf einer gepflasterten schmalen Deichkrone durch den Wald. Nach gut 2 km biegen wir entsprechend der Ausschilderung „Barth" nach rechts ab. Jetzt verläuft der Weg auf der alten Bahntrasse. Dann queren wir die stark befahrene Straße und fahren nach links auf dem Radweg weiter bis zur **Meiningenbrücke** ↗, deren stählerne Fachwerkkonstruktion als beliebtes Fotomotiv bekannt ist.

Die 470 Meter lange Meiningenbrücke

Der Bau der 470 m langen **Meiningenbrücke** wurde 1908 begonnen und im Dezember 1910 dem Verkehr übergeben, auch wenn die Bauarbeiten erst 1912 vollständig beendet waren. Die Brücke wurde bis nach dem Zweiten Weltkrieg als Eisenbahn- und Straßenbrücke genutzt. Danach wurde der Eisenbahnbetrieb eingestellt, weil die Gleise von Barth nach Prerow als Reparationsleistung für die Sowjetunion demontiert wurden. Als in den 1980er Jahren die Brücke rekonstruiert wurde, baute die Armee parallel eine Pontonbrücke, die seitdem einen Teil des Verkehrs aufnimmt. Schon einige Zeit gibt es Pläne für eine neue, den heutigen Verkehrsbedingungen angepasste Autobrücke und die Usedomer Bäderbahn träumt von einer Aktivierung ihres Streckennetzes bis Prerow.

An der Meiningenbrücke müssen wir wieder die Straße queren, wozu eine Ampel installiert ist. Auf ihrer östlichen Seite gibt es einen sehr schmalen Rad-Fußweg. Begegnungsverkehr mit Radfahrern und Fußgängern ist hier immer problematisch. Auf der anderen Seite ist wieder eine Ampel, um auf den weiterführenden Radweg zu gelangen, der nun immer parallel zur alten Bahntrasse führt. Kurz darauf haben wir den alten Bresewitzer Bahnhof erreicht, der mit einer **Darßbahnausstellung** und Kunst auf Schienen auf jeden Fall einen Stopp wert ist.

Seit 1996 zeigt die **Darßbahnausstellung** in ehemaligen Bahnbetriebswagen die Geschichte der Eisenbahn zwischen Festland und den Bädern der Halbinselkette bis zur Neuzeit auf. Eine Verkaufsausstellung zeigt Schmuck, Keramik, Malerei aus aller Welt und regionale Literatur. Während der Urlaubszeit finden hier auch diverse Veranstaltungen statt. Egal ob Konzerte unterschiedlicher musikalischer Ausrichtung, Lesungen oder anderes, in der Umgebung der Salzgraswiesen am Bodden haben alle Veranstaltungen ein besonderes Flair und lohnen einen Besuch.

Die alte Bahnstrecke führt nun über die Kloerbrücke, die auf 723 m ein Feuchtgebiet überspannt. Entlang der Strecke laden einige Hinweisschilder zum Besuch von Eiscafés und ähnlichem etwas abseits der Strecke ein. Am Ende des Radweges überqueren wir die Straße und biegen nach links auf den straßenbegleitenden Radweg nach Barth ein. Wir überqueren die Barthe, kurz darauf wechseln wir auf den linksseitigen Radweg. Entsprechend der Radweg-Beschilderung „Fuchsberg" biegen wir nach links in die Waldstraße ein. Die Anliegerstraße geht in einen geschotterten Weg über, der uns zum Klärwerk führt. Dort rechts – und der Weg ist dann auch wieder asphaltiert. Am Ende des Weges nach links auf den Betonweg einbiegen, kurz danach befindet sich auf der linken Seite die **Gedenkstätte Stalag Luft** 1.

Das Barther Kloster ist ein Ausstellungsort

1996 wurde von Bürgern der Stadt Barth die kleine **Gedenkstätte** errichtet. Das Lager war 1942 für abgeschossene Flieger der Royal Air Force errichtet worden. 1942 kamen erstmals Angehörige der sowjetischen Luftstreitkräfte dazu. Das Lager wurde entgegen der Genfer Konvention eingerichtet, um die Gefangenen als Schutzschilde zu missbrauchen.

Auf dem Betonweg, der noch
aus dieser Zeit zu stammen
scheint, fahren wir bis kurz
vor die große Wendeschleife.
Links im Wald befindet sich
eine Aussichtsplattform, von
der man eine herrliche Aussicht
über den Barther Strom und die
angrenzenden Ländereien hat.
Am Ende der Wendeschleife
fahren wir links am Schlagbaum
vorbei. Kurz hinter dem
Schlagbaum rechts auf einem
naturbelassenen Weg weiter.
Dann zwei Mal rechts. Gleich
darauf tritt der Weg aus dem
Wald und gibt den Blick über den
Barther Bodden auf die Silhouette
von Barth mit seinen dominanten
Türmen frei. Idyllisch windet sich
der geschotterte Weg am Bodden
entlang. Linker Hand erblicken
wir das verlandete Gebiet des
ehemaligen Katharinensees.
Das letzte Stück bevor wir die
Bootshalle
in Barth

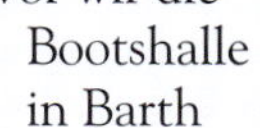

Auf dem Marktplatz von Barth

Am Barther Hafen

erreichen, ist asphaltiert. Hier fahren wir entsprechend der Ausschilderung nach links auf die Straße. Ein paar hundert Meter danach wieder links geht es zum Hafen, der in den letzten Jahren sehr schön gestaltet wurde. Aus dem alten Speicher wurde ein schönes Hotel und auf Fischerbooten werden allerlei Fisch-Leckereien angeboten.

Die alte Seehandelsstadt **Barth** erhielt bereits 1255 das Stadtrecht durch den Rügenfürst Jaromar II. Später wurde Barth Residenzstadt. Benachteiligt durch die Lage am Bodden konnte sich der Ort nicht so entfalten wie die anderen Küstenstädte.

In der schwedischen Periode nach dem Dreißigjährigen Krieg vollzog sich ein spürbarer wirtschaftlicher Aufschwung, der mit dem Nordischen Krieg abrupt endete. Unter preußischer Herrschaft konnte Barth zum zweitwichtigsten Hafen aufrücken. Als sich dann auf der Halbinselkette Fischland, Darß, Zingst der Fremdenverkehr entwickelte, partizipierte auch Barth davon. Viele Badegäste statten der Stadt mit ihrem mittelalterlichen Stadtbild einen Besuch ab. Sehenswert sind das 35 m hohe Dammtor (15. Jh.) und der 12 m hohe Fangelturm, die zu den Befestigungsanlagen gehörten. Die 87 m hohe Marienkirche ist ein stattlicher Backsteinbau des 14. Jh. mit reicher Ausstattung. Das Barther Bibelzentrum wurde im 15. Jh. gegründet und umfasst etwa 4000 Inkunabeln und Druckschriften.

Der Fischbrunnen in Barth

Wer keine Lust hat, kann von hier aus auch mit dem Schiff wieder zurück nach Zingst fahren. Bei der Touristinformation direkt am Hafen gibt es Informationen zu den Abfahrtszeiten der Fährschiffe über den Bodden.

Vom Hafenplatz aus fahren wir in Richtung der weithin sichtbaren Kirche. So erreichen wir den Marktplatz mit schönen Bürgerhäusern und den Fischbrunnen. Entlang der Klosterstraße gelang man zum alten Kloster, wo man heutzutage heiraten kann. Am oberen Ende des Marktes beginnt die Lange Straße, die Geschäftsmeile des Ortes.

Um 90 Grad versetzt beginnt hier auch die Dammtorstraße über die wir den Rückweg antreten. Auf dem rechtseitigen Radweg geht es entgegen der Einbahnstraße am Dammtor vorbei. Danach heißt die Straße Barthestraße. Da sich der Radweg dann aber irgendwie verliert, schieben wir das Fahrrad ein Stück, bis der Radweg wieder neu beginnt. Noch vor der Querung der Barthe wechseln wir entsprechend der Ausschilderung auf den Radweg der linken Straßenseite. Nun können wir dieselbe Route nach Zingst zurückfahren, auf der wir gekommen sind.

Tourismusverband Fischland-Darß-Zingst, ☎ 038324 / 6400
www.fischland-darss-zingst.de

Kurverwaltung Ahrenshoop, Kirchnersgang 2
☎ 038220 / 666610, www.ahrenshoop.de

Barth-Information Barth, Markt 3,
☎ 038231 / 2464, www.stadt-barth.de

Kurverwaltung „Darß" Erholungsort Born, Chausseestr. 73 b
☎ 038234 / 50421, www.darss.org

Kurverwaltung Dierhagen, Ernst-Moritz-Arndt-Str.
☎ 038226/201, www.ostseebad-dierhagen.de

Tourismus- und Kur GmbH Graal-Müritz, Rostocker Straße 3
☎ 03 82 06 / 70 30, www.graal-mueritz.de

Kur- und Tourismusbetrieb Prerow, Gemeindeplatz 1
☎ 038233 / 551 o. 6100, www.ostseebad-prerow.de,

Gemeindeverwaltung Pruchten, ☎ 038231 / 2512

Stadtinformation Ribnitz-Damgarten, Am Markt 14
☎ 03821 / 2201, www.ribnitz-damgarten.de

Gemeindeverwaltung Saal / Langendamm, ☎ 038223 / 419

Tourist-Information Rostock-Warnemünde,
Am Strom 59/Ecke Kirchenstr., ☎ 0381 / 548000
www.warnemuende.de

Kur- und Tourist GmbH Erholungsort Wieck
Bliesenrader Weg 2, ☎ 038233 / 201, www.darss.org

Kurverwaltung Wustrow, Ernst-Thälmann-Str. 11
☎ 038220 / 251, www.ostseebad-wustrow.de

Kur- und Tourismus GmbH Zingst, Bahndamm 71
☎ 038232 / 81521, www.zingst.de

Kunstkaten Ahrenshoop, Strandweg 1
☎ 038220 / 80308, www.kunstkaten.de

Vineta-Museum Barth, Lange Straße 16
☎ 038231 / 81771, www.vineta-museum.de

Nationalpark-Informationszentrum Barhöft, ☎ 038234 / 5020
www.nationalpark-vorpommersche-boddenlandschaft.de

Forst- und Jagdmuseum Ferdinand von Raesfeld Born
☎ 038234 / 30297

Nationalpark-Informationszentrum 18375 Born
☎ 038234 / 5020
www.nationalpark-vorpommersche-boddenlandschaft.de

Kranich-Informationszentrum Groß Mohrdorf
☎ 038323 / 80540, www.Kraniche.de

Darßbahnmuseum, Fam. Müller, Bresewitz, ☎ 038231 / 80629

Natureum Darßer Ort, ☎ 038233 / 304
www.nationalpark-vorpommersche-boddenlandschaft.de

Freilichtmuseum Klockenhagen, ☎ 03821 / 2775 (Apr.-Okt.)
www.freilichtmuseum-klockenhagen.de

Natur-Schatzkammer Ribnitz-Damgarten OT Neuheide
☎ 038206 / 79921, www.naturschatzkammer.m-vp.de

Informationszentrum „Wald und Moor"
Ribnitz-Damgarten / Neuheide, ☎ 038206 / 14444
www.ribnitz-damgarten.de

Darß-Museum Prerow, ☎ 038233 / 69750
 www.darss-museum.de
Seemannskirche Prerow, ☎ 038233 / 69133,
 prerow@kirchenkreis-stralsund.de
Deutsches Bernsteinmuseum Ribnitz-Damgarten
 ☎ 03821 / 2931, www.deutsches-bernsteinmuseum.de
Nationalpark-Informationszentrum Sundische Wiese
 ☎ 038232 / 5020
 www.nationalpark-vorpommersche-boddenlandschaft.de
Nationalpark- und Gästezentrum „Darßer Arche" Wiek
 ☎ 038233 / 70380, www.darsser-arche.de
Heimatmuseum und Bibliothek „Fischlandhaus" Wustrow
 ☎ 038220 / 80465, www.ostseebad-wustrow.de
Kunstscheune Barnstorf, Fam. Eymael, Ostseebad Wustrow
 ☎ 038220 / 201, www.kunstscheune-barnstorf.de
Heimatmuseum Zingst, ☎ 038232 / 15561
 www.entdeckemv.de
Museumshof Zingst, ☎ 038232 / 715561
 www.zingst.de

↗ verweist auf eine Erläuterung im Kasten

18311 Ribnitz-Damgarten, Körkwitz
Sunshineferienpark, An der Bäderstraße 22, ☎ 0 38 21 / 81 58 35
www.sunshine-ferienpark.de

18311 Ribnitz-Damgarten, Ribnitz
Hotel Wilhelmshof, Lange Straße 22, ☎ 0 38 21 / 22 09
www.hotel-wilhelmshof.de

18347 Ostseebad Dierhagen
- OstseeCamp, Ernst-Moritz-Arndt-Str. 1, ☎ 03 82 26 / 8 07 78
  www.OstseeCamp-Dierhagen.de
- Ostseehotel Dierhagen, Wiesenweg 1, ☎ 03 82 26 / 51-0
  www.ostseehotel-dierhagen.de

18356 Fuhlendorf
- Boddener Ferienpark, Dorfstraße 129, ☎ 03 82 31 / 45 04 44
  www.boddener-ferienpark.de

18356 Fuhlendorf
- Pension Seebär, Hafenstraße 2, ☎ 03 82 31 / 48 40, www.100beds.de

18374 Ostseebad Zingst
- Familienferienstätte Zingsthof, Landstraße 1, ☎ 03 82 32 / 8 14-0
  www.gaestehaeuser-bsm.de
- Jugendherberge Zingst, Glebbe 57, ☎ 03 82 32 / 1 54 65
www.djh-mv.de

18375 Ostseebad Prerow
Haus Seeadler, Grüne Str. 64, ☎ 03 82 33 / 61 3-0
www.pensionseeadler.de

18356 Bresewitz
Pension Boddenblick, Zur Oie 9, ☎ 03 82 31 / 8 17-58,
www.pension-boddenblick.de

Am Weststrand

Die Karten zum Buch

Verlag

grünes herz®

Klicken Sie uns an...

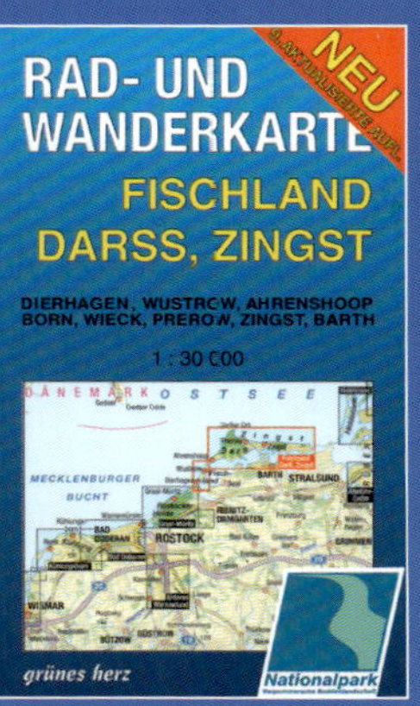

www.gruenes-herz.de

Verlag *grünes herz* • Ilmenau und Ostseebad Wustrow • Tel.: 0 36 77 / 466 28-0 • info@gruenes-herz.de

Reizvoll sind die Kombinationen Fahrrad mit dem Schiff. Hier gibt es interessante Variante, um eine Tour zu bereichern:

Tour 1:

Vom 16.05. bis 15.09. tägliche Linienfahrt:

1. Hafen Bodstädt nach Born:
   Abfahrt 10.15 Uhr.
2. Hafen Wustrow nach Ribnitz:
   Abfahrt 14.30 Uhr und 17.30 Uhr

Vom 10.04. bis 15.10. tägliche Linienfahrt

3. Hafen Born durch die Bülten nach Ahrenshoop:
   Abfahrt 15.10 Uhr

Tour 5:

Vom 10.04. bis 15.10. tägliche Linienfahrt:

Hafen Born nach Ahrenshoop:
Abfahrt 15.10 Uhr

Tour 9: Rückfahrt von Barth nach Zingst

Vor- u. Nachsaison: 11.00, 12.00, 13.00, 14.00, 15.00, 16.00 Uhr

Hauptsaison: 10.30, 11.30, 12.30, 13.30, 14.30, 15.30, 16.30, 17.30 Uhr

Trotz gewissenhafter Bearbeitung kann eine Haftung für den Inhalt nicht übernommen werden. Für aktuelle Ergänzungen und Anregungen ist der Verlag jederzeit dankbar. Nachdruck, Vervielfältigung und Verbreitung – auch von Teilen – bedürfen der ausdrücklichen Genehmigung des Verlages. Wir bedanken uns bei allen, die uns unterstützt haben.

Impressum

© 2010 Verlag *grünes herz*, Dr. Lutz Gebhardt e. K.
   98684 Ilmenau, PF 100 564
   Tel.: 0 36 77 / 466 28-0, Fax: 0 36 77 / 466 28-80
   www.gruenes-herz.de

Titelfoto: Dr. Lutz Gebhardt
Fotos: Dr. Lutz Gebhardt, außer S. 5 Rolf Reinicke, www.kuestenbilder.de
Layout, Satz: Verlag *grünes herz*, Sibylle Senftleben
Schrift: Goudy OlSt BT
Titelgestaltung: Verlag *grünes herz*, Sibylle Senftleben
Druck: Bergemann Druckerei GmbH, Königsee

1. Auflage 2010